NÄHEN
mit
KoRK

Carmo da Silva

INHALT

Einführung – Was ist Kork? _ _ _ _ _ _ _ _ _ _ **4 – 11**

Das Besondere an Kork _ _ _ _ _ _ _ _ _ _ _ **12 – 13**

Korkstoff – Material & Werkzeuge _ _ _ _ _**14 – 19**

PROJEKTE

Wohnen & Organisieren _ _ _ _ _ _ _ _ _ _ _ **20 – 53**

Für Kids _ **54 – 77**

Kleidung & Accessoires _ _ _ _ _ _ _ _ _ _ _ **78 – 93**

Taschen _ _ _ _ _ _ _ _ _ _ _ _ _ _ _ _ _ _ _ **94 – 113**

Autorenporträt _ _ _ _ _ _ _ _ _ _ _ _ _ _ _ _ _ **114**

Impressum _ _ _ _ _ _ _ _ _ _ _ _ _ _ _ _ _ _ _ **116**

Hinweis

Diesem Buch liegt ein Bogen
mit allen **Schnittmustern** bei.

_ _ _ _ _ _ _ _

Korkmaterialien, die in diesem
Buch verwendet werden, erhalten
Sie bei www.**korkshop**.de

VORWORT

Ich bin im Süden Portugals aufgewachsen, wo die Landschaft von mächtigen Korkeichen geprägt ist. In meiner Familie werden diese einzigartigen Bäume, die man schälen kann ohne sie zu schädigen, seit Generationen genutzt. Die Korkeichenwälder, genannt Montados, bilden Kulturlandschaften, Ökosysteme, die im Laufe vieler Jahrzehnte durch nachhaltige Nutzung entstanden sind. Ich lernte viel über die Pflege der Bäume, über deren Schälung und die Weiterverarbeitung der Korkrinde.

Von meiner Mutter, die als Schneiderin gearbeitet hat, habe ich die Kreativität geerbt, neue Ideen zu entwickeln und mit der Nähmaschine phantasievoll und individuell umzusetzen. Während meines Studiums der Literaturwissenschaften haben sie und mein Vater, ein gelernter Schuster, mir mit viel Engagement und Leidenschaft ihr Handwerk beigebracht. Mein Faible für die anspruchsvollen Bäume und das edle Naturprodukt Kork habe ich mit nach Deutschland genommen und 2012 meinen kleinen Laden „Incorknito" in Hannover gegründet. Hier lade ich Menschen ein, Kork neu zu entdecken, und zugleich baue ich mit „Incorknito" eine Brücke zwischen Portugal und meiner Wahlheimat Hannover. Auf diese Weise bringe ich etwas südliches Flair, Sonne und Wärme, die so typisch für die Korkeichenwälder sind, in den Norden. Ich kann damit zeigen, wie attraktiv und sinnvoll es ist, sich mit natürlichen Materialien und ihrer nachhaltigen Nutzung zu beschäftigen.

Besonders am Herzen liegt mir, dass Kork-Interessierte auch etwas über den aufwendigen Produktionsprozess erfahren! Und ich möchte zeigen, wie Kork als wahrer Verwandlungskünstler genutzt werden kann: in Form von Taschen und Schuhen, Dekoration, Kleidungsstücken und modischen Accessoires. Je nach Verarbeitung fühlt sich Kork wie weiches Leder, wie Stoff oder wie Papier an. Unterschiedliche Farbvarianten, Muster und Strukturen bringen zusätzliche Vielfalt.

Dieses Buch ist das Ergebnis meiner langen Reise durch die bislang noch vielen Menschen unbekannte Welt des Korks, in der Hoffnung, dass Sie mich auf dieser Reise begleiten und mit mir das Naturprodukt Kork einmal ganz anders erleben.

Viel Spaß beim Nähen!

Herzlichst *Carmo da Silva*

WAS IST KORK?

Als „Kork" wird eigentlich generell die Zell-
schicht zwischen Epidermis und Rinde eines
Baumes bezeichnet, in unserem Sprachge-
brauch aber vor allem die markante Kork-
schicht der Korkeiche.

Die Korkeiche ist ein immergrüner Laub-
baum, der das ganze Jahr über seine Blätter
erneuert. Sie zählt zu den Zerreichen (Cerris
spp.), einer kleinen Untergruppe der Gattung
Eichengewächse (Quercus spp.).

Bereits vor Millionen von Jahren gab es die
ersten Korkeichen. Ihr heutiges Verbreitungs-
gebiet erreichte die Korkeiche wohl nach der
letzten Eiszeit – vor circa 10 000 Jahren.
Es erstreckt sich über den westlichen Mittelmeerraum: Von Italien und Frankreich über
Spanien und Portugal bis nach Nordafrika
– Algerien, Tunesien und Marokko; im Hohen
Atlas kann die Korkeiche sogar in Höhenlagen
von bis zu 2000 m wachsen.

WIE ENTSTEHT
DER ROHSTOFF
KORK
?

Die Korkeiche benötigt ein besonderes Klima, da sie ein wärmeliebender Baum ist. Außerdem braucht sie viel Licht und einen mageren oder trockenen Boden.

Ihre Standfestigkeit erreicht sie sowohl über ein weit verzweigtes Netz aus horizontalen Wurzeln, als auch über Wurzeln, die sich bis tief in die Erde bohren können und mit denen sie Grundwasser erreichen kann.

Sie kann in Trockenzeiten ihr Wachstum und ihren Stoffwechsel einschränken und ihren durch Verdunstung hervorgerufenen Wasserverlust reduzieren, indem sie die Spaltöffnungen an der Blattunterseite schließt.

Waldbrände können ihr nur wenig anhaben, denn bei einem Brand schützt die dicke Korkrinde die Wachstumsschicht im Bauminnern vor Hitze und Zerstörung.

ERNTEPROZESS

Wer im Sommer schon einmal durch einen Korkeichenwald spaziert ist, hat sie vielleicht gesehen, die schwer schuftenden Arbeiter bei der Korkernte. Die Korkeiche steht jetzt „voll im Saft" und lässt sich daher leicht schälen. Bis in den August hinein, bei flirrender Hitze, schälen die Arbeiter die Rinde wie sie es bereits seit Jahrhunderten praktizieren. Meist zu zweit und äußerst vorsichtig treiben sie mit ihren Äxten gezielt Kerben und Schnitte in die Rinde, immer darauf bedacht, den Stamm nicht zu verletzen. Die Rinde wird dann ganz vorsichtig, möglichst in großen Stücken, vom Baum abgelöst.

REIFE & SEASONING

Bis es allerdings soweit ist, dass die Rinde erstmalig geschält werden kann, muss eine Korkeiche mindestens 25 Jahre alt sein und in 1,50 Meter Höhe – vom Boden gemessen – mindestens einen Stammdurchmesser von 70 Zentimetern haben. Die Rinde sollte ungefähr vier Zentimeter dick sein. Die erste Ernte mit ihrer unregelmäßigen Struktur – „Jungfrauenkork" oder „männlicher Kork" – genannt, wird meist zu Granulat und dann zum Beispiel zu Dämmmaterial und Fußbodenbelägen weiterverarbeitet. Alle folgenden Schälungen werden „weiblicher Kork" genannt.

Und erst die dritte Schälung, wenn die Eiche circa 40 Jahre alt ist, eignet sich für die Weiterverarbeitung zu feineren Korkprodukten, Stoffen und Naturkorken für hochwertige Weine, Sekt und Champagner. Dann hat die Eiche bestenfalls einen Durchmesser von einem Meter erreicht, und die Rinde kann am Stamm und an den dickeren Ästen geerntet werden.

Gut zu wissen, dass der Korkeiche durch die Ernte kein Schaden zugefügt wird, ganz im Gegenteil: Wenn sie nicht in einem bestimmten Rhythmus geschält wird, reißt die Rinde so auf, dass sie für die Korkenproduktion wertlos wird. Die Rinde wird anschließend – sortiert nach Qualität – zu Sammelplätzen gebracht, um dort sechs Monate ohne Kontakt zum Boden bei Sonne und Wind zu trocknen. Diese Phase wird „Seasoning" genannt.

weiblicher Kork

männlicher Kork

Danach wird der Kork bei knapp unter 100 Grad im Wasserbad mindestens eine Stunde lang in einer sogenannten Dämpf- oder Kochgrube gekocht. Das bewirkt, dass Insekten, die sich dort eingenistet haben, abgetötet werden, der Gerbstoff Tannin größtenteils ausgewaschen und die Rinde nicht mehr gebogen ist sondern flach und weich wird und sich sogar ihr Volumen vergrößert. Anschließend ruht der Kork nochmals circa ein bis drei Wochen in einem Zwischenlager, um final sortiert und weiterverarbeitet zu werden.

WAS MAN AUS DEM ROHSTOFF KORK ALLES MACHEN KANN

In Portugal wachsen Korkeichen auf über 700 000 Hektar Land – das ist fast ein Drittel der Kork-
eichenwaldflächen im westlichen Mittelmeerraum. Die Alentejo-Region – ein riesiges Gebiet, das
nördlich der Algarve beginnt und bis an die Region Lissabon heranreicht – verfügt anteilig über die
größten Flächen mit natürlichen und angepflanzten Korkeichen.

DIE ALENTJO-REGION:

LISBOA

ALTO
ALENTJO

ALENTJO
CENTRAL

ALENTJO
LITORAL

BAIXO
ALENTJO

Jährlich werden in Portugal circa 160 000 Tonnen Kork geerntet.
Fast 70 Prozent des weltweit gewonnenen Korks wird zu Naturkorken verarbeitet – ein Großteil dieser Naturkorken wiederum
wird in Portugal produziert.

Aus Portugal stammen auch unsere **Korkstoffe und
-bögen**, die wir in diesem Buch verwenden. Hier wird
die Korkeiche alle 9 Jahre geschält. Die geschälten
Bäume werden nach der Ernte mit der letzten Ziffer des
Jahres markiert, in dem die Schälung stattgefunden hat,
damit man weiß, wann die nächste Ernte erst wieder
erfolgen darf.

Denn um eine hohe Qualität des Korks zu erreichen, muss
der Ernte- resp. Schälrhythmus eingehalten werden. Die
Korkernte gehört in Portugal zu den bestbezahlten Arbei-
ten in der Landwirtschaft, denn dieses Handwerk kann
durch keine Maschine ersetzt werden.

Kork wird beim Bootsbau, in der Raumfahrt, in Autos, zur
Herstellung von Tapeten, Möbeln, Kleidung, Schuhen und
Accessoires verwendet.

DAS BESONDERE AN KORK

Egal, in welcher Form Kork angeboten wird, dieser Rohstoff hat einige ganz besondere Charakteristika, die wunderbare Eigenschaften miteinander verbinden:

KORK

NACHHALTIGKEIT

ÄSTHETIK

VIELFALT

ROBUSTHEIT

KORK IST:

- ein natürlicher, nachwachsender Rohstoff
- weich und geschmeidig, fühlt sich warm an
- wasser-, fett- und schmutzabweisend
- leicht zu reinigen
- formbeständig, dennoch elastisch
- sehr leicht
- antiallergisch, antiasthmatisch
- schwer entflammbar
- strapazierfähig
- rutschfest

- langlebig
- nachhaltig
- stark isolierend
- schalldämmend
- ökologisch
- rein biologisch und vegan
- eine echte Alternative zu Leder
- nicht nur zu 100 % verwertbar, sondern auch zu 100 % recycelbar

Korkeichenwälder sind eine Kulturlandschaft, die zudem viel Kohlendioxid speichert und so einen wertvollen Beitrag zur Klimaverbesserung leistet.

Sie werden nicht nur als Quelle für Kork, sondern auch als Acker- und Weideland genutzt. Zudem tragen sie zum Erhalt einer einzigartigen Flora und Fauna bei: Sie dienen zum Beispiel als Zufluchtsort oder Brutplatz in der dichten Baumkrone oder als Landeplatz für Zugvögel während ihres langes Fluges. Es leben dort unter anderem: Iberische Luchse oder Pardelluchse – die weltweit am stärksten bedrohte Raubkatzenart – Hirsche, Füchse, Steinadler, Spanischer Kaiseradler, Schwarzkraniche, Schmetterlinge und andere Insekten, die die immergrünen Blätter als Nahrung sehr schätzen.

Pflanzen, die sich gerne in Korkeichenwäldern ansiedeln, sind unter anderem Erdbeerbäume, Montpellier-Zistrosen, Myrten und Pilze.

KORKSTOFF

MIT DIESEM MATERIAL NÄHEN WIR:

Nur aus dem mittleren Teil der Korkrinde kann Korkstoff – auch Korkleder oder Korkhaut genannt – und Korkbogen produziert werden, wenn der Kork denn den hohen Qualitätsanforderungen des Herstellers genügt.

KORKSTOFF

Die circa 1,5 Zentimeter dicken Korkplattenstücke werden mit einem natürlichen, organischen Kleber zu größeren Platten untrennbar und dauerhaft verbunden. Anschließend werden die Korkschichten mit scharfen Klingen sehr dünn geschnitten, aufbereitet und auf einem Gewebe-Trägermaterial aufgebracht.

Alle Materialien gibt es in einer Vielzahl von verschiedenen Mustern und Farben. Diese kommen durch verschiedene Maserungen, Erntezeitpunkte, Pressvorgänge, Einfärbung, Brennvorgänge u. Ä. im Produktionsprozess zustande und machen Kork so einzigartig in seinem Aussehen und seiner Haptik.

KORKBOGEN

Außerdem benötigen Sie

DIESE WERKZEUGE & MATERIALIEN:

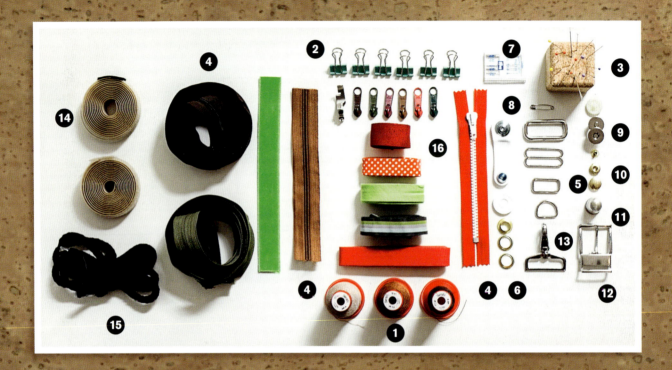

1 SYNTHETIKGARN	**9** MAGNETVERSCHLUSS
2 KLAMMERN	**10** DRUCKKNÖPFE
3 STECKNADELN	**11** FINGERHUT
4 REISSVERSCHLUSS	**12** SCHNALLE
5 D- ODER O-RINGE Z. B. FÜR TASCHEN	**13** KARABINERHAKEN
6 ÖSEN	**14** KLETTBAND
7 JEANS- UND NÄHMASCHINENNADELN	**15** KORDELBAND
8 SICHERHEITSNADEL	**16** SCHRÄG- UND ZIERBAND

1. **CUTTERMESSER**
2. **SCHNEIDEMATTE**
3. **ZACKENSCHERE**
4. **STOFFSCHERE / SCHERE**
5. **GEODREIECK**
6. **GEWEBEKLEBER**
7. **LOCHZANGE**

8. **ANSETZWERKZEUG FÜR ÖSEN**
9. **MASSBAND**
10. **HAMMER**
11. **LINEAL**
12. **(SCHNABEL)ZANGE**

AUSSERDEM:
- SPRÜHKLEBER
- REISSVERSCHLUSSFUSS

GGF. BUNTE TEXTILSTOFFE

HIER NOCHMAL EIN ÜBERBLICK:

CHARAKTERISTIK	VERARBEITUNG	

KORKSTOFF

Korkstoff ist weich, glatt und anschmiegsam und sogar eine echte Alternative zu Leder. Denn was die Vielfalt der Verarbeitung, Reißfestigkeit und Stabilität betrifft, so steht Kork Leder in nichts nach. Der Korkstoff entsteht aus sehr dünn geschnittenen Korkplatten, die mit einem natürlichen, organischen Kleber untrennbar und dauerhaft verbunden werden – ein 100-prozentiges Naturprodukt. Im Anschluss daran wird der Korkstoff in der gewünschten Stärke geschnitten und mit einem Klebstoff auf Wasserbasis auf das Trägermaterial aufgebracht. Der dünnere Korkstoff ist ca. 0,7 mm stark, der dickere Korkstoff ca. 1 mm stark.	Korkstoff lässt sich schneiden, ritzen, kleben, nähen, nieten, nageln, prägen, stanzen, lochen, bemalen (z. B. mit Acrylfarbe), beschriften.	Korkstoff eignet sich für die unterschiedlichsten Formen an Taschen, Etuis und Rucksäcken, für Handy-, Tablet- und Buchhüllen, Portemonaies, Schürzen, Schuhe, Accessoires, Kissen, Gürtel, Hüte und vieles mehr.

KORKBOGEN

Beim Korkbogen wird der Kork von zwei Seiten auf ein Gewebeträgermaterial aufgebracht. Er ist daher fast so dick wie Korkstoff und nicht so leicht zu knicken.	Korkbogen lässt sich schneiden, ritzen, kleben, falten, flechten, stanzen, lochen, bemalen (z. B. mit Acrylfarbe), beschriften und sogar nähen.	Er eignet sich besonders gut für Projekte, die auch im Alltag etwas mehr beansprucht werden, zum Beispiel für kleine Körbe, Tischsets und vieles mehr.

WERKZEUG & MATERIAL	TIPPS UND TRICKS	REINIGUNG
· Nähmaschine · Jeans- oder Ledernadel · Synthetikgarn · Cuttermesser · Schneidematte · Stoffschere/Schere · Zackenschere · Lineal · Geodreieck · Stift · Klammern/Stecknadeln · Gewebekleber · Sprühkleber · Reißverschlussfuß · Lochzange · Schnabelzange · Ansetzwerkzeug für Ösen · Maßband · Hammer	Das Nähen von Korkstoffen und Korkbogen ist so ähnlich wie das Nähen von festen (Jeans-)Stoffen oder Leder. Am besten verwendet man eine Jeans- oder eine spezielle Ledernadel. Die Nähte müssen nicht versäubert werden, da Kork nicht ausfranst. Zum Abstecken besser Klammern als Stecknadeln verwenden, um kleine Löcher im Material zu vermeiden.	Um die Intensität der Farben zu erhalten, sollte Kork keiner längeren Sonneneinstrahlung ausgesetzt werden. Die Reinigung ist einfach – mit einem feuchten, fusselfreien Lappen. (Evtl. mit ein paar Tropfen Geschirrspülmittel auf dem feuchten Lappen nachhelfen und anschließend mit einem zweiten, nur mit Wasser befeuchteten Tuch, nachwischen.)
Siehe Korkstoff	Es sollte eine größere Stichlänge verwendet werden, sodass der Korkbogen nicht zu stark perforiert wird.	Siehe Korkstoff

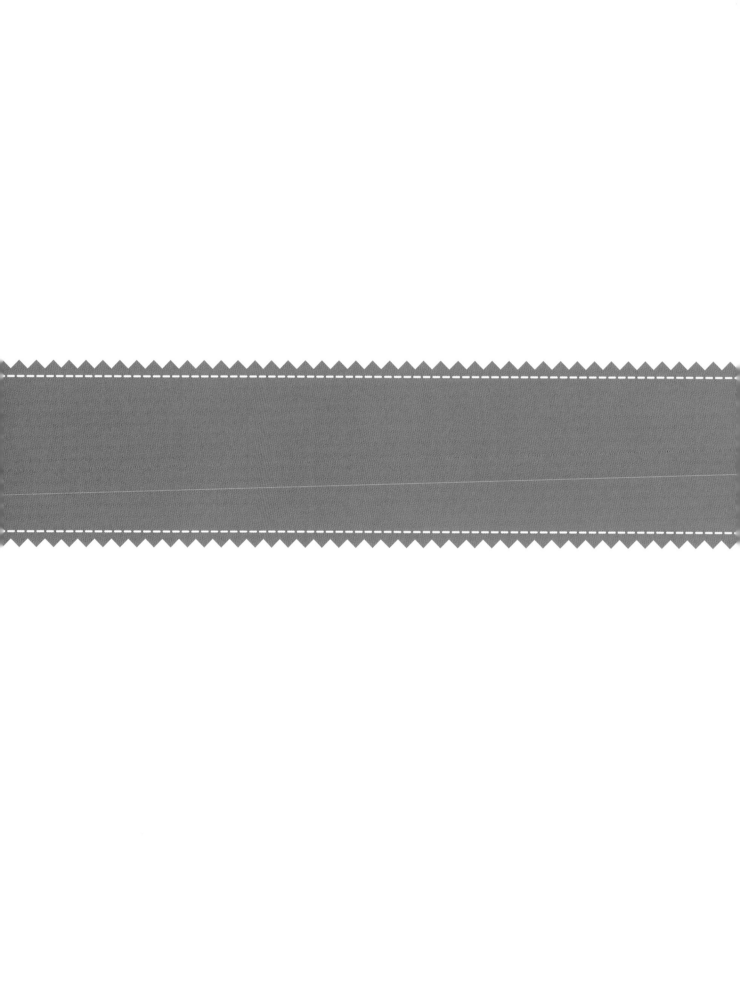

WOHNEN & ORGANISIEREN

MATERIAL

~ Korkstoff, dick
  50 x 15 cm
~ Futterstoff
  30 x 15 cm
~ Garn

WERKZEUGE

~ Schere
~ Nähmaschine
~ Stift

NÄHANLEITUNG

BESTECKTASCHE

ARBEITSSCHRITTE

1. Zuschnitt nach Schnittmuster

2. Stoffstreifen rechts auf rechts aufeinanderlegen und verstürzen, sodass man nach dem Nähen einen langen Streifen erhält. **Illustration 2**

3. Stoffstreifen legen:

• Die linke Stoffseite liegt oben, es werden von der Kante aus 11 cm abgemessen und umgeschlagen (Stoff liegt links auf links).

• Den gesamten Streifen auf rechts umdrehen, erneut 11 cm abmessen und umschlagen (Stoff liegt jetzt rechts auf rechts.)

• Das restliche lange Ende umschlagen, sodass es rechts auf rechts und Kante auf Kante liegt. **Illustration 3**

4. Nähen:

• Die langen Seiten werden knappkantig gesteppt und jeweils am Anfang und Ende vernäht (2 Stiche vor, 2 Stiche zurück nähen) – insgesamt 2 Nähte.

5. Wenden der Tasche:

• In die offene Tasche greifen, die rechte Seite nach außen stülpen, die Ecken dabei vorsichtig mit einem Stift oder einer Schere herausdrücken.

• Die „Kleine Tasche" ebenfalls umstülpen, auch hier mit Stift vorsichtig die Ecken herausdrücken. **Illustration 4**

Fertig!

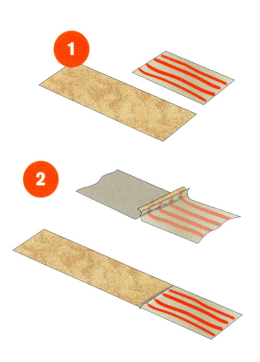

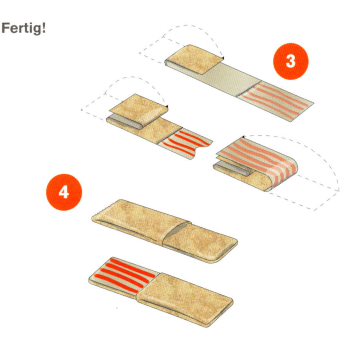

NÄHANLEITUNG

KÖRBCHEN

ARBEITSSCHRITTE

1. Zuschnitt nach Schnittmuster

2. Den Futterstoff rechts auf rechts auf den Korkstoff legen und an der langen Seite mit 1 cm Nahtzugabe absteppen. **Illustration 1**

3. Den Futterstoff und den Korkstoff wieder auseinanderklappen und das Stück so falten, dass Kork auf Kork und Futter auf Futter liegen. Vor dem Nähen darauf achten, dass die soeben geschlossenen Nähte aufeinanderliegen.

Die Seiten ringsherum schließen, begonnen wird an der Korkseite. Bei der letzten Futternaht ein Stück geöffnet lassen, um das Körbchen am Ende wenden zu können.
Illustration 2

4. Den Boden schließen:

• Alle 4 Ecken auseinanderziehen, sodass Seitennaht und untere Naht aufeinanderliegen.

• Mit dem Geodreieck eine 8 cm lange, horizontale Linie markieren und anschließend nähen. Den Vorgang bei den anderen 3 Seiten wiederholen. **Illustration 3**

• Die Ecken bis 0,5 cm vor der Naht abschneiden.

5.

• Nun das Körbchen umstülpen, die Ecken rausdrücken und die Wendeöffnung im Futter knappkantig zunähen.

• Den Futterstoff nach innen stülpen und die Oberkante je nach Belieben ein Stück umkrempeln.

Fertig!

Öffnung

8 cm

8 cm

TIPP

Die Technik ist bei unterschied-
lichen Größen die gleiche.
Man muss nur entsprechende
Größen zuschneiden.

MATERIAL

~ Korkstoff, dick
  21 x 42 cm

~ Futterstoff
  21 x 42 cm

~ Garn

WERKZEUGE

~ Schere

~ Nähmaschine

~ Geodreieck

~ Stift

~ Lineal

MATERIAL

~ Korkbogen
  DIN A3

~ Band
  83 x 2,5 cm

~ Garn

WERKZEUGE

~ Schere

~ Cutter

~ Schneidematte

~ Nähmaschine

~ Stecknadeln/
  Klammern

NÄHANLEITUNG

BUCHUMSCHLAG DIN A5 (Buchstärke ca. 2 cm)

ARBEITSSCHRITTE

1. Zuschnitt:

A = 33 x 23 cm

B = 9 x 23 cm

C = 6,5 x 23 cm

D = 1 x 2,5 cm

Band: 27 cm (2x)

Lesezeichen: 29 cm (1 x)

2. Namensschild einsetzen:

• In Teil A, wie in der Illustration abgebildet, mit einem Cutter zwei 1,5 cm lange Schlitze schneiden. **Illustration 1**

• Auf ein Stück Karton oder ein Stückchen Stoff (6 x 1,5 cm) den Namen schreiben, in die Schlitze stecken und von rechts an den Schlitzen 1,5 cm lang feststeppen.

3. Bänder aufnähen:

• Die beiden Bänder links auf rechts an die Seitenkanten von A legen. An den Enden jeweils 2 cm übrig lassen.

• Nun an den Kanten entlang steppen. B und C an die Seitenkanten von A legen, dabei jeweils 0,5 cm Abstand lassen und das Band mit 1 cm Nahtzugabe festnähen. **Illustration 2**

NAME 1,5 cm

2 cm

4 cm 2 cm

NAME

3

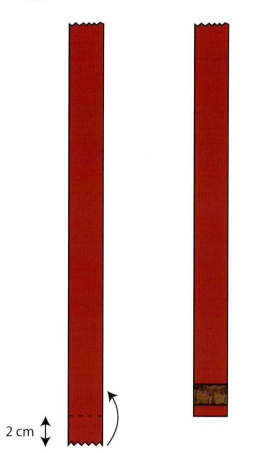

2 cm

4. Lesezeichen verarbeiten:
- Vom Band am Ende 2 cm umklappen, und das kleine Teil D „viereckig" aufsteppen. **Illustration 3**

5.
- Die beiden Seitenteile B und C auf A umklappen. Dabei die Enden der Bänder nach innen legen. **Illustration 4**
- Das Lesezeichen zwischen A und C legen und feststecken.
- Die Seitenteile unten und oben knappkantig auf A knappkantig (0,4 cm) steppen. **Illustration 5**

6.
Ein Buch hineinstecken.

Fertig!

NÄHANLEITUNG

KOSMETIKTASCHE

ARBEITSSCHRITTE

1. Zuschnitt nach Schnittmuster

2. Trageriemen kleben:

Die Mitte des Korkstreifens markieren, den Gewebekleber flächig auftragen, die Seiten zur Mitte hin umklappen und mit Stecknadeln/Klammern fixieren. Den Gewebekleber trocknen lassen. Eine Ziernaht mit Stichlänge 4 knappkantig von rechts absteppen.

3. Außentasche verarbeiten:

* Futter und Kork rechts auf rechts legen und an der oberen Kante mit 1 cm Nahtzugabe absteppen.
* Auf der rechten Korkseite zwei Nähte absteppen: die erste Naht mit einem Abstand von 0,5 cm zur Kante, die zweite Naht mit 1 cm Abstand.

4. Außentasche auf die Kosmetiktasche nähen:

* Die Außentasche an die Markierungen legen, feststecken und mit 1 cm Nahtzugabe festnähen. Die Tasche anschließend umschlagen. **Illustration 1**
* An den Seiten mit Stecknadeln/Klammern fixieren und knappkantig in der Nahtzugabe feststeppen. **Illustration 2**

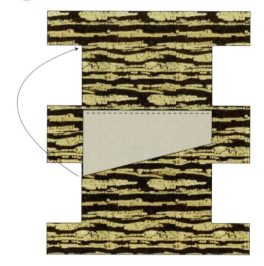

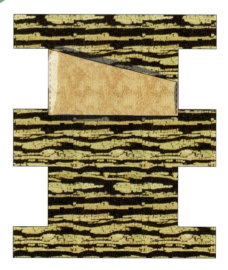

MATERIAL

~ Korkstoff, dick
  68 x 48 cm
~ Futterstoff
  56 x 50 cm
~ Endlosreißverschluss
  inklusive Zipper, 48 cm
~ Garn

WERKZEUGE

~ Schere
~ Gewebekleber
~ Nähmaschine
~ Stecknadeln/Klammern
~ Bügeleisen
~ Reißverschlussfuß

3

4

5. Reißverschluss annähen:

• Den Reißverschluss auf die Kante der rechten Korkseite legen, feststecken und mithilfe des Reißverschlussfußes mit 1 cm Nahtzugabe annähen. Danach den Reißverschluss teilen und an der anderen Seite aufnähen.

• Die Reißverschluss-Nahtzugabe umklappen und auf der rechten Seite erneut beide Seiten absteppen. **Illustration 3**

• Den Zipper in den Reißverschluss einführen und schließen, dann die Tasche auf links drehen.

6.

Die Seitennähte so aufeinanderlegen, dass der Reißverschluss in der Mitte liegt, und nun mit 1 cm Nahtzugabe absteppen. Den Reißverschluss danach wieder öffnen. **Illustration 4**

7.

Die gerade geschlossene Naht auf die Markierung legen, dabei den Trageriemen mit einsetzen (auf die Markierung legen) und mit 1 cm Nahtzugabe absteppen. Die Nahtzugaben vom Reißverschluss zeigen zum Boden und werden in der Naht mitgesteppt. **Illustration 5**

5

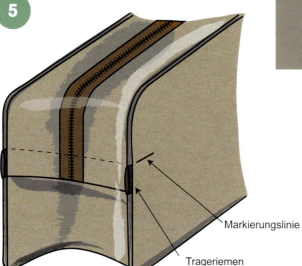

Markierungslinie

Trageriemen

6

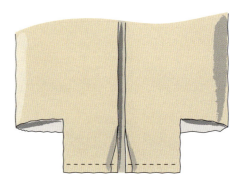

8. Futterinnentasche aufnähen:

- Die Nahtzugaben von 1 cm ringsherum umbügeln, begonnen wird mit dem Boden, es folgen
  die Seiten und zum Schluss die obere Kante. Beim Bügeln darauf achten, dass der umgebü-
  gelte Stoff an den Ecken minimal kürzer liegt.
- Die obere Kante der Tasche mit 0,7 cm Abstand zur Kante absteppen.
- Die Futterinnentasche auf die Markierungen im Futter legen und knappkantig aufsteppen.

9. Futter verarbeiten:

- Die Seitennähte der Futtertasche wie in Schritt 6 schließen, jedoch an der Reißverschlusskante
  jeweils 1 cm umschlagen und mit 1 cm Nahtzugabe absteppen. **Illustration 6**
- Die gerade geschlossene Naht auf die Markierung legen und erneut mit 1 cm Nahtzugabe
  schließen.

10. Das Futter auf rechts drehen und die Korktasche auf links drehen. Das Futter über die Korktasche stülpen und das Futter von Hand an den Reißverschluss staffieren. (Staffieren bezeichnet
einen fast unsichtbaren Stich, mit dem das Futter am Oberstoff befestigt wird.)
Zum Schluss die Kosmetiktasche wenden. **Fertig!**

MATERIAL

~ Korkstoff, dünn
50 x 60 cm

~ 1 Endlosreißverschluss
inkl. Zipper 15 cm

~ 1 Gummiband
ca. 50 x 2,5 cm

~ Garn

~ Klettverschluss
10 x 2 cm

WERKZEUGE

~ Schere

~ Nähmaschine

~ Reißverschlussnähfuß

~ Cutter/Schneidematte

~ Lineal

~ Stecknadeln/Klammern

NÄHANLEITUNG

MULTIFUNKTIONS-ETUI

ARBEITSSCHRITTE

1. Zuschnitt:

50 cm x 15 cm Kork und

30 cm x 15 cm Stoff zuschneiden

2. Lasche verarbeiten:

- Das Hakenband auf die linke Markierung (an der Kante) und das Flauschband auf die mittlere Markierung steppen.

- Die Lasche in der Mitte falten und knappkantig von rechts absteppen. **Illustration 1**

3. Die Lasche nun auf die Mitte des äußeren Schnittteils viereckig aufsteppen (siehe Markierung im Schnittbogen). **Illustration 2**

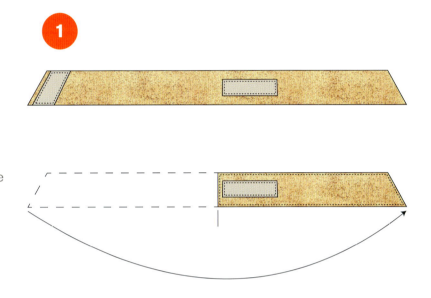

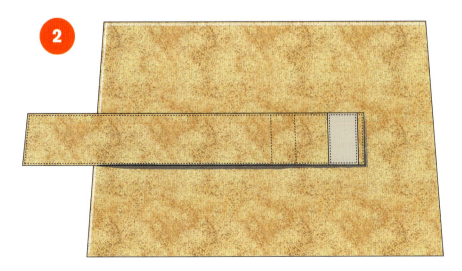

4. Inneren Stoff verarbeiten:

- Auf dem inneren Schnittteil die erste und die letzte Markierung mit einem Cutter 2,5 cm lang einschneiden.

- Das Gummiband durch die Schlitze schieben und das Band am Schlitz mit einer Naht fest steppen. **Illustration 3**

- Die Abstände des Gummibandes abmessen, auf dem Kork mit Stecknadeln/Klammern markieren und „mit Luft" aufsteppen. An einer Seite beginnen und Naht für Naht zur anderen Seite hinarbeiten.

- Das Gummiband am Ende in den zweiten Schlitz schieben und auch mit einer Naht feststeppen. **Illustration 4**

- Das überschüssige Gummiband abschneiden.

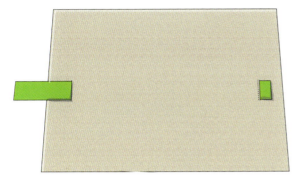

5. Teile verbinden:

- Den inneren und äußeren Teil links auf links aufeinanderlegen, stecken und knappkantig absteppen.

- Die Kanten nach Bedarf nachschneiden.

6. Tasche nähen:

- Den Reißverschluss rechts auf rechts an die oberen Kanten des Korkstoffes legen und von links mit einem Abstand von 0,7 cm absteppen. Anschließend die andere Seite des Reißverschlusses an die andere Kante legen und ebenfalls von links annähen. Den Reißverschluss umklappen und von rechts knappkantig an der Reißverschluss kante entlang absteppen. Nach dem Nähen den Zipper einführen (siehe Tipp Kosmetiktasche auf Seite 33) und den Reißverschluss schließen.

- Die Seitennähte aufeinanderlegen und beide Seiten knappkantig von rechts absteppen.

Fertig!

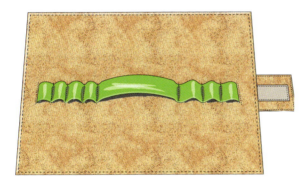

MATERIAL

~ Korkbogen DIN A4

~ Filz
   12 x 12 cm (optional)

~ Garn

WERKZEUGE

~ Lineal

~ Schere oder Cutter

~ Nähmaschine

~ Stecknadeln/Klammern

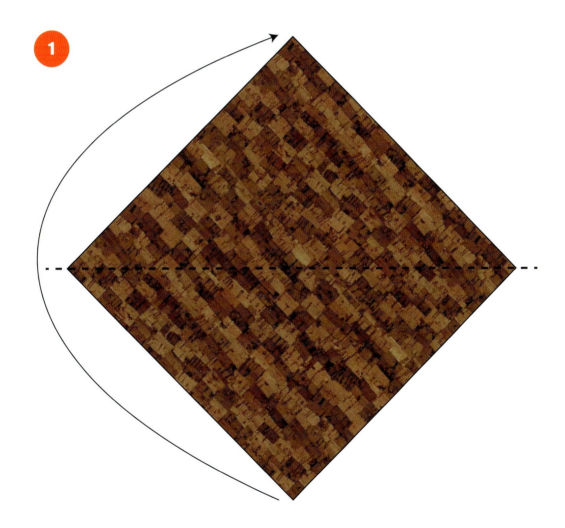

NÄHANLEITUNG

SCHALE

ARBEITSSCHRITTE

1. Zuschnitt:

ein Quadrat im Format 20 x 20 cm

2. Das Quadrat in der Hälfte falten, sodass ein Dreieck entsteht, und feststecken. **Illustration 1**

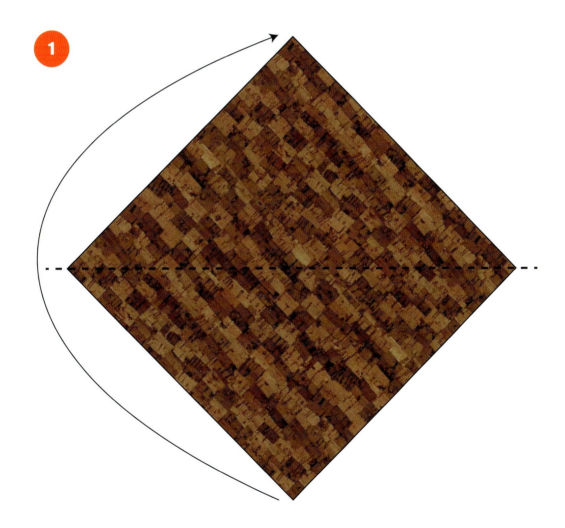

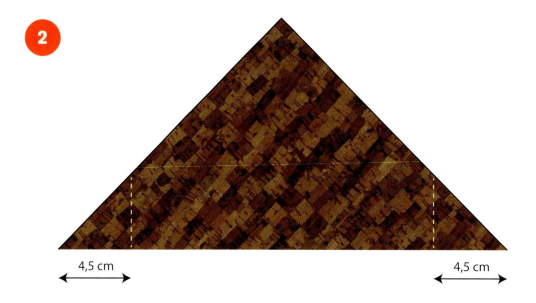

2

4,5 cm   4,5 cm

3. An den Ecken 4,5 cm von der Spitze abmessen und von dort rechtwinklig eine 4,5 cm lange Naht steppen. **Illustration 2**

4. Das Dreieck wieder öffnen und in die andere Richtung falten. Hier ebenfalls 4,5 cm von der Spitze abmessen eine 4,5 cm lange Naht steppen. **Illustration 3**

5. Das Dreieck wieder zum Viereck öffnen und das Filzstück (optional) hineinlegen. **Illustration 4**
Fertig!

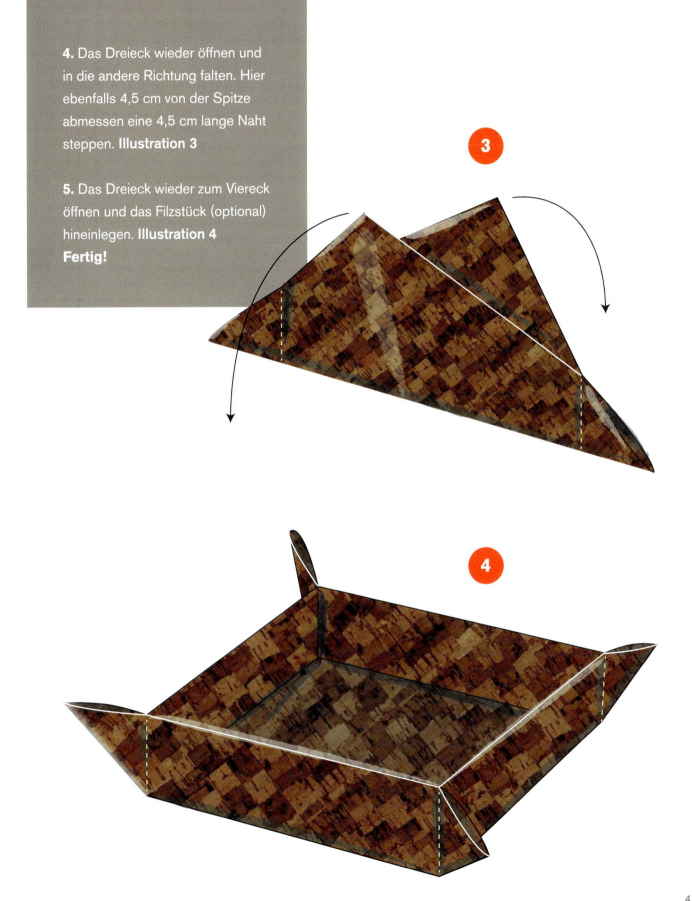

NÄHANLEITUNG

SITZSACK

ARBEITSSCHRITTE

1. Zuschnitt

Korkstoff A: 110 x 140 cm

Korkstoff B: 110 x 111 cm und B1: 110 x 31 cm

2. Reißverschluss mit Reißverschlussfuß einnähen:

• Reißverschluss an den Streifen B1 annähen dabei darauf achten, dass die Raupe auf
der rechten Korkseite liegt. **Illustration 1**

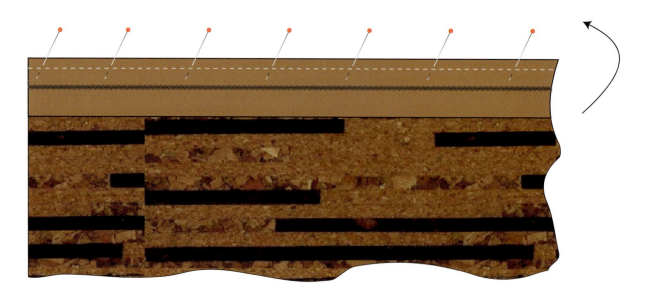

1

MATERIAL

~ Korkstoff, dick
110 x 286 cm

~ Endlosreißverschluss
110 cm inkl. Zipper

~ Garn

~ Füllung: EPS-Mikro-
perlen, ca. 250 Liter

WERKZEUGE

~ Nähmaschine

~ Reißverschlussnähfuß

~ Schere

~ Stecknadeln/Klammern

Reißverschlussnahtzugabe umklappen und von rechts erneut absteppen. **Illustration 2**

- Die andere Seite vom Reißverschluss an Streifen B mit 1 cm Nahtzugabe annähen, wieder darauf achten, dass die Raupe auf der rechten Korkstoffseite liegt.

Die Nahtzugabe des Reißverschlusses anschließend umklappen und von rechts knappkantig abstellen.

2

3. Seitennähte schließen:

- Die großen Korkstücke A und B rechts auf rechts aufeinanderlegen, dabei darauf achten, dass der Reißverschluss für das spätere Umdrehen geöffnet ist.

- Die Seitennähte mit Stecknadeln oder Klammern feststecken und mit 0,5 cm Nahtzugabe absteppen. **Illustration 3**

4. Sitzsack umdrehen, die Ecken mithilfe eines Stiftes herausdrücken, Sitzsack mit Mikroperlen füllen und den Reißverschluss schließen.

Fertig!

3

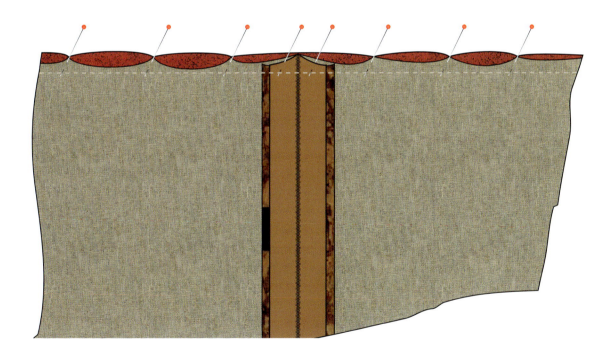

MATERIAL

~ Korkstoff, dünn:
   Set: 46 x 62 cm
   Tasche: 11 x 36 cm

~ Garn

WERKZEUGE

~ Schere

~ ggf. Gewebekleber

~ Nähmaschine

~ Stecknadeln/Klammern

NÄHANLEITUNG

TISCHSET MIT TASCHE

ARBEITSSCHRITTE

1. Zuschnitt nach Schnittmuster

2.

Die beiden Taschenteile links auf links legen (ggf. Gewebekleber flächig auftragen und kleben), mit Stecknadeln/Klammern fixieren und mit 0,4 cm Nahtzugabe oben absteppen. **Illustration 1**

1

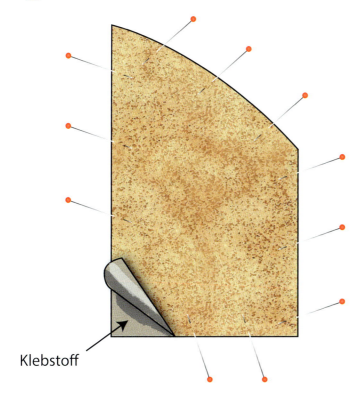

Klebstoff

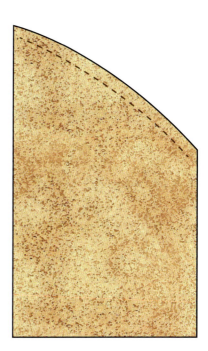

3. Die Tasche auf das obere Tischset an der Markierung feststecken und mit 0,4 cm Nahtzugabe an der Strecke B von rechts aufsteppen. **Illustration 2**

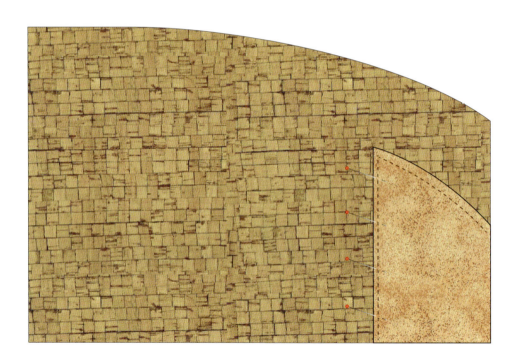

TIPP

Dieses Tischset kann auch als Schreibtischunterlage genutzt werden, dann finden Laptop und Stifte den richtigen Platz!

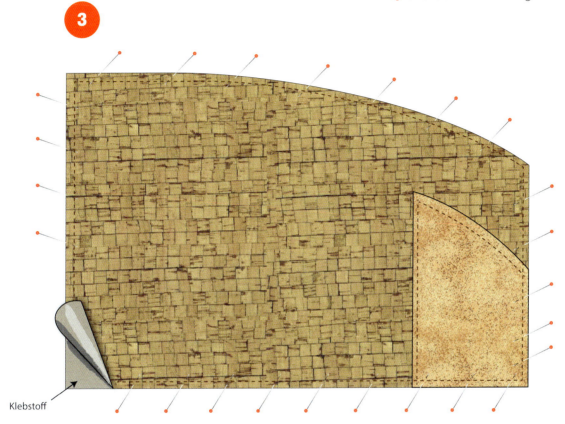

Klebstoff

4.

- Das obere und das untere Tischset links auf links (ggf. Gewebekleber am Rand auftragen und kleben) mit Stecknadeln/Klammern fixieren.

- Mit einer Naht ringsherum absteppen, dabei die Tasche an der Kantenecke feststecken und mitsteppen. **Illustration 3**

Fertig!

NÄHANLEITUNG

YOGAKISSEN Größe: 30 x 14 cm

ARBEITSSCHRITTE

1. Zuschnitt nach Schnittmuster

2. Trageriemen kleben:

- Mitte (4 cm) des Korkstückes markieren, Gewebekleber flächig auf das Korkstück auftragen, Außenkanten bis zur Markierung umklappen und festdrücken. Nach Bedarf mit Klammern/Stecknadeln fixieren und trocknen lassen.
- Trageriemen mit 1 cm Nahtzugabe und Stichlänge 4 absteppen (Ziernaht).

3. Reißverschluss annähen:

- Reißverschluss an der Kante von Seitenteil A mit Stecknadeln feststecken und mit 1 cm Nahtzugabe mithilfe des Reißverschlussfußes annähen. **Illustration 1**
- Reißverschluss teilen und das Gegenstück an der Kante von Seitenteil B feststecken und ebenfalls mit 1cm Nahtzugabe annähen.

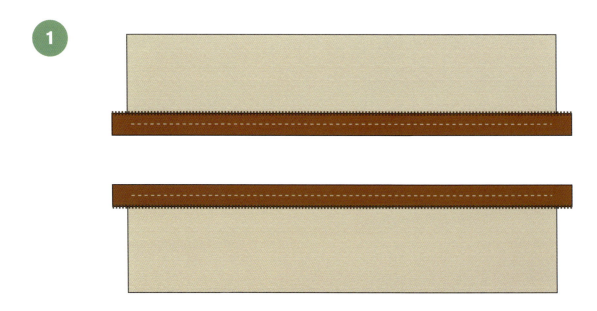

MATERIAL

~ Korkstoff, dick
  130 x 64 cm

~ Endlosreißverschluss
  (40 cm)

~ Garn

~ Füllmaterial
  (z. B. Dinkel oder
  EPS-Mikroperlen,
  ca. 10 Liter)

WERKZEUGE

~ Schere

~ Nähmaschine

~ Reißverschlussfuß

~ Gewebekleber

~ Stecknadeln/Klammern

- Nahtzugabe vom angenähten Reißverschluss A umklappen, feststecken und knappkantig von der rechten Seite am Reißverschluss entlang mit Stichlänge 3,5 absteppen.
- Bei B 2 cm über die Reißverschlusskante legen, sodass von der rechten Seite eine Breite von 7 cm übrig bleibt. Die Kante mit Klammern/Stecknadeln fixieren und von der linken Seite des Korkstoffes auf der Reißverschlussnaht mit einer Stichlänge von 3,5 absteppen. **Illustration 2**

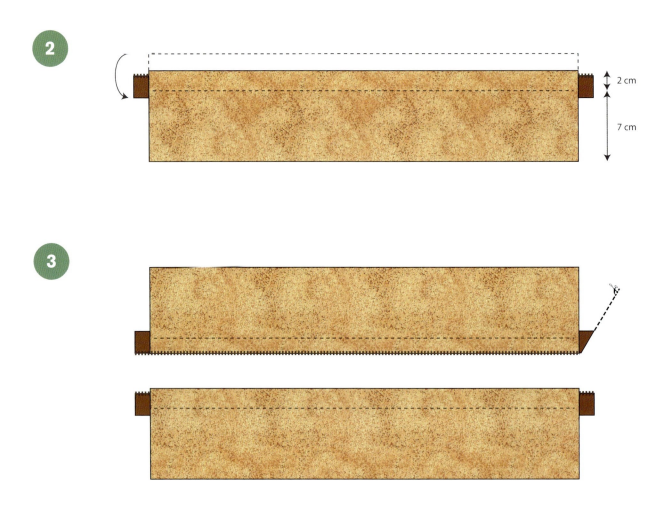

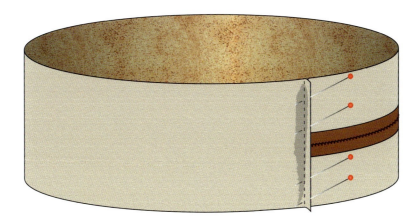

4. Streifen C an A und B mit 1cm Nahtzugabe annähen. **Illustration 4**

5. Trageriemen an die angegebene Position am Kreis stecken (zuerst nur am 1. Kreis) die restliche Seitenfläche mit Stecknadeln in Position halten. Den Streifen mit 1cm Nahtzugabe ringsherum am Kreis annähen. **Illustration 5**

6. Das andere Ende vom Trageriemen an der Markierung am zweiten Kreis in die Naht stecken und den Streifen hier ebenfalls mit 1cm Nahtzugabe annähen.

7. Kissen umstülpen, das Kissen befüllen und den Reißverschluss schließen. **Fertig!**

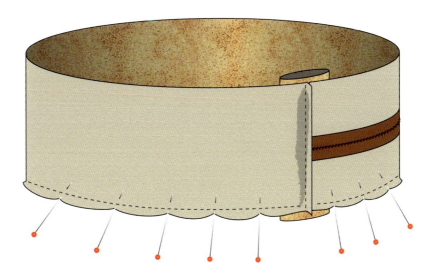

FÜR KIDS

MATERIAL

~ Korkstoff, dünn
   35 x 20 cm

~ Futterstoff
   35 x 20 cm

~ Sockenstopp
   z. B. von Rico

~ 6 Ösen, 5 mm

~ Schnürsenkel

~ Garn

WERKZEUGE

~ Schere

~ Nähmaschine

~ Ösenzange

~ Lochzange

~ Gewebekleber

~ Klammern/
   Stecknadeln

NÄHANLEITUNG

BABYSCHUHE Gr. 16

ARBEITSSCHRITTE

1. Zuschnitt nach Schnittmuster

2. Bekleben der Korkseite mit Futterstoff:

Gewebekleber flächig auf die linke Korkseite auftragen und die linke Futterstoffseite vorsichtig auflegen und glatt streichen.

3. Schaft vorbereiten:

- Wie auf dem Schnitt aufgezeichnet, zwei Nähte auf den Schaft steppen. Die erste Naht knappkantig an der Kante entlang steppen, die zweite mit 1cm Abstand zur ersten Naht aufsteppen. **Illustration 1**
- Die Löcher für die Schnürsenkel wie aufgezeichnet mit der Lochzange ausstanzen und die Ösen anschließend anbringen.
- Alle Schnittkanten danach mit Sockenstopp versiegeln, damit der Stoff nicht ausfransen kann und man eine saubere Kante erhält.

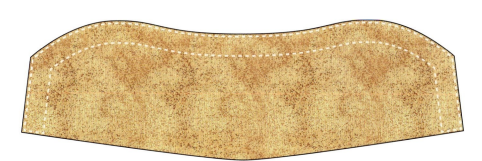

4. Lasche verarbeiten:

- Ziernaht knappkantig auf die Lasche steppen.
- Auch hier die Schnittkanten mit Sockenstopp versiegeln.
- Die Lasche mit Stecknadeln auf der Sohle feststecken. **Illustration 2**
- Anschließend den Schaft ebenfalls auf der Sohle feststecken.

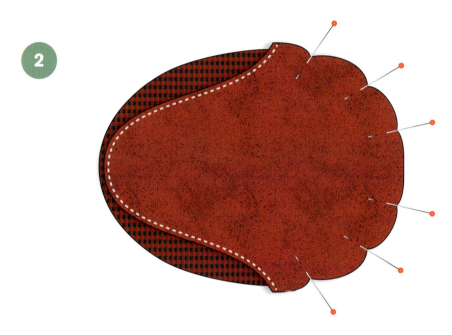

TIPP

Beim Schaft an der hinteren Mitte mit dem Stecken beginnen. **Illustration 3**

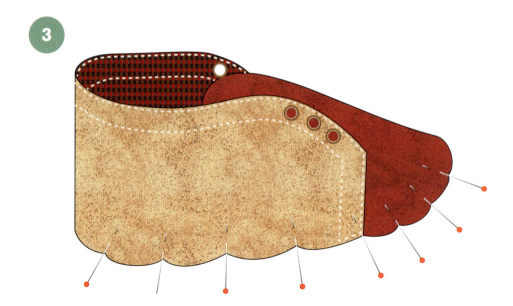

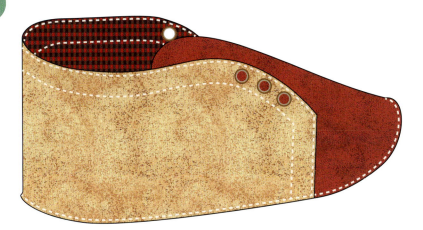

- Nun entlang der gesteckten Linie den Schaft und die Lasche knappkantig an der Sohle festnähen. **Illustration 4**
- Die Kanten je nach Bedarf nachschneiden.
- Zum Schluss auch diese Schnittkanten mit Sockenstopp versiegeln.

5. Die Schnürsenkel einfädeln.

Fertig!

NÄHANLEITUNG
LÄTZCHEN

ARBEITSSCHRITTE

1. Zuschnitt nach Illustration 1

2. Lätzchen-Tasche verarbeiten:

- Kork- und Futterstoff links auf links legen und knappkantig absteppen.
- Das Paspelband annähen: Das Paspelband auseinanderfalten, rechts auf rechts an die Kante legen und mit 1 cm Nahtzugabe absteppen, anschließend umlegen, mit Stecknadeln/Klammern fixieren und mit einer großen Zick-Zack-Naht von rechts über das Paspelband nähen. Illustration 2

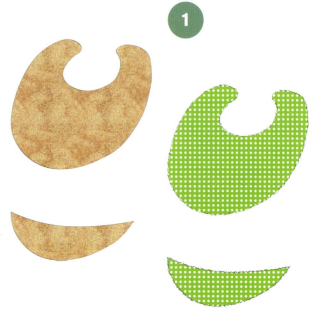

MATERIAL

~ Korkstoff, dünn
  33 x 33 cm
~ Futterstoff
  33 x 33 cm
~ Paspelband 160 cm
  (oder: Paspelband aus
  Futterstoff 78 x 70 cm
  selber herstellen)
~ Klettverschluss zum
  Aufnähen 2 x 3 cm
~ Garn

WERKZEUGE

~ Schere
~ Nähmaschine
~ Geodreieck
~ Stift
~ Stecknadeln/
  Klammern

3. Lätzchen-Korpus nähen:

- Kork- und Futterstoff links auf links legen und rundherum knappkantig absteppen, um die Stofflagen zu fixieren. **Illustration 3**
- Die Lätzchentasche auf die Markierungen legen und mit 0,7 cm Nahtzugabe annähen.
- Paspelband aufsteppen: Das Paspelband auseinanderfalten, an der Kante ringsherum feststecken und mit 1 cm Nahtzugabe absteppen.
- Das Paspelband 2 x umklappen, mit Stecknadeln/Klammern fixieren und mit einem großen Zick-Zack-Stich auf der Futterseite umranden. **Illustration 4**

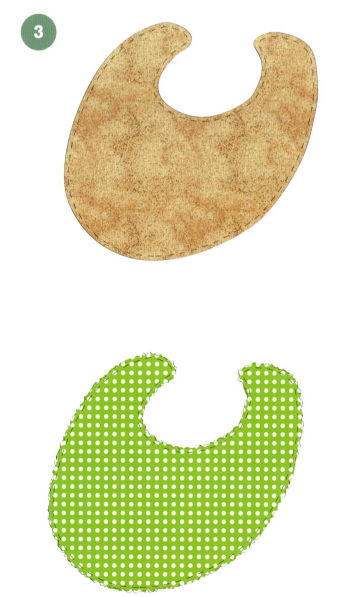

3

TIPP

Paspelband selber herstellen:

- Den Futterstoff bügeln, im 45 Grad Winkel legen, an der Kante entlang schneiden.
- Die gewünschte Breite markieren (hier 4 cm) und abschneiden.
- Zum Verlängern des Paspelbandes die Schnittkanten rechts auf rechts legen und mit 1 cm Nahtzugabe absteppen.
- Paspelband bügeln: Das Band in der Breite halbieren und bügeln. Anschließend auseinanderfalten und eine Kante bis zur mittleren Bügelfalte legen, anschließend einbügeln. Die andere Kante ebenfalls bis zur Mitte legen und bügeln.
- Zum Schluss erneut in der Mitte falten und die 4 Lagen nochmals mit dem Bügeleisen fixieren.

4. Klettverschluss aufsteppen:

- Das Hakenband auf die Markierung auf der Korkseite legen und ringsherum aufsteppen.
- Das Flauschband auf die Markierung auf der Futterseite legen und ebenfalls aufsteppen.

Fertig!

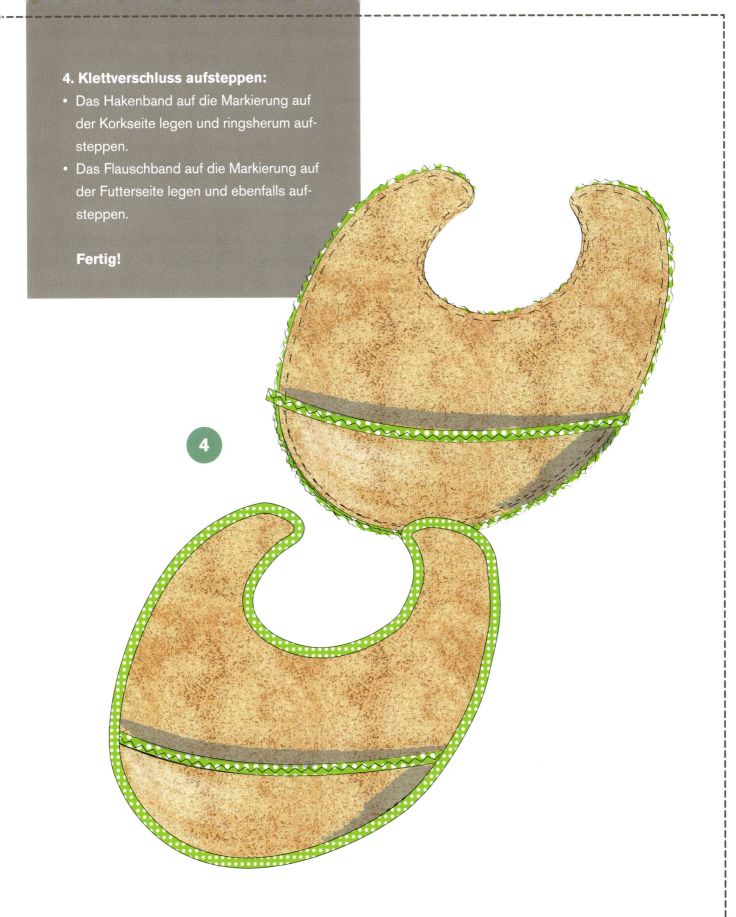

NÄHANLEITUNG

WICKELTASCHE

ARBEITSSCHRITTE

1. Zuschnitt nach Schnittmuster

2. Gurt herstellen:

* Die Mitte (4 cm) auf der linken Seite des Gurtstreifens markieren. Gewebekleber flächig auf die linke Seite des Korkstreifens auftragen, die Kanten umklappen und an die Markierung kleben. Je nach Bedarf mit Klammern fixieren. Nach dem Trocknen das Gurtband von rechts füßchenbreit (0,5 cm) an den Kanten entlang steppen. Siehe **STREIFENTASCHE** **(Seite 108, Illustration 1)**

* Das Schnittteil „Ringaufnahme" flächig mit Gewebekleber von links bestreichen und wie den Gurt falten und nähen. Den O-Ring auf die „Ringaufnahme" ziehen, die Korklasche in der Hälfte falten und die Schnittkanten mit 0,5 cm Nahtzugabe von der Kante zusammensteppen. Siehe **LAPTOP-TASCHE (Seite 98, Illustration 3)**

* Den genähten Gurt als Erstes durch den Gurtversteller, danach von außen durch den O-Ring und anschließend wieder „von innen" durch den Gurtversteller führen. Das Ende des Gurtes umklappen und die Schnittkante 4 cm hinter dem Gurtversteller mit einer Zick-Zack-Naht von innen fixieren. Siehe **SHOPPER (Seite 107, Illustration 6)**

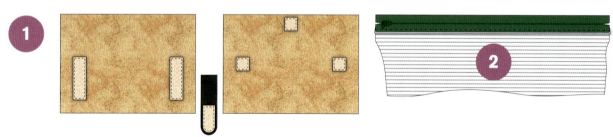

3. Annähen der Klettbänder:

Am Deckel der Kork-Futterseite an den Markierungen 2 x 10,5 cm x 4 cm Flauschband ringsherum aufsteppen. Das Flauschband 8,5 cm x 4 cm ebenfalls auf den Steg ringsherum aufsteppen. Das Hakenband 4 cm x 4 cm wird an den Markierungen am Vorderteil aufgesteppt. **Illustration 1**

4. Anbringen der Magnetknöpfe:

* Magnetgegenstücke (Dicke) an der Markierung an der Oberseite der Tasche anbringen: Mit einem Cutter einen kleinen Schlitz in den Kork schneiden, Magnetgegenstück hineinstecken und die Stäbe umbiegen.

* Die anderen Magnetgegenstücke werden an den Ecken der inneren Wickelunterlage angebracht.

MATERIAL

- ~ Korkstoff, dünn
  120 x 125 cm
- ~ Futterstoff
  100 x 120 cm
- ~ 4 Magnetknöpfe
- ~ 1 Gurtversteller
  (Durchlass 4 cm)
- ~ 1 O-Ring
  (Durchlass 4 cm)
- ~ Klettband: (Hakenband
  4 x 4 cm (3x), Flausch-
  band 10,5 x 4 cm (2x),
  8,5 x 4 cm)
- ~ Endlosreißverschluss
  34 cm inkl. Zipper

WERKZEUGE

- ~ Bügeleisen
- ~ Nähmaschine
- ~ Reißverschlussfuß
- ~ Zange
- ~ Gewebekleber
- ~ Stecknadeln/Klammern

5. Nähen des Deckels:

Die Schnittteile des Deckels rechts auf rechts aufeinanderlegen und von links mit 1 cm Nahtzugabe die vordere Kante sowie den schmalen Streifen steppen. Die Ecken in der Nahtzugabe nachschneiden und den Deckel auf rechts wenden. Die Schnittteile des Steges links auf links legen und von rechts knappkantig umsteppen.

> **TIPP**
>
> Für einen besseren Halt ist ein kleiner Kork- oder Stoffrest zu empfehlen, der ebenfalls eingeschnitten und auf der linken Seite zur Verstärkung, über die Magnetstäbe, vor dem Umbiegen, geschoben wird.

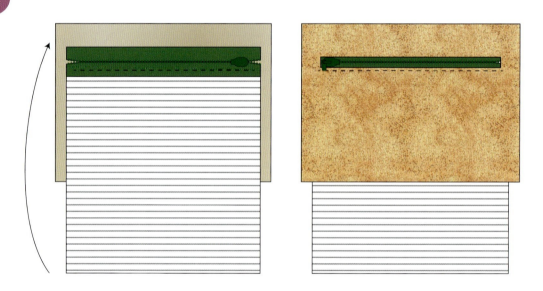

6. Verarbeiten des Rückteils mit Reißverschluss:

• Den Reißverschluss an die schmale Seite des Futters der Reißverschlusstasche links auf rechts stecken und anschließend füßchenbreit annähen. **Illustration 2**
Den Reißverschluss unter den Schlitz im Rückteil legen, sodass er durch die Öffnung hervor schaut und den Reißverschluss mit Stecknadeln von rechts an die untere Linie stecken. Die Linie anschließend knappkantig von rechts absteppen. **Illustration 3**

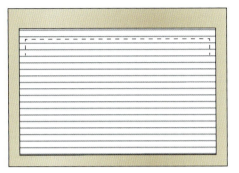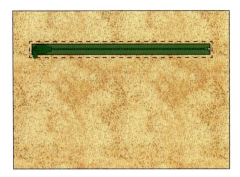

- Den Reißverschlusstaschenbeutel von der linken Korkseite nach oben legen und Futter, Reißverschluss und Korkstoff an der oberen Linie zusammen stecken. Nach dem Stecken am Anfang der vorherigen Naht beginnen, 2 cm im rechten Winkel zur Naht steppen und die gerade Linie knappkantig absteppen. Am Ende der Naht erneut im rechten Winkel zur Naht 2 cm steppen, bis die Naht auf die erste Naht trifft. **Illustration 4**
- Die offenen Kanten des Futterbeutels mit Stecknadeln feststecken und mit 1 cm Nahtzugabe steppen.

7. Vorbereiten der Seitenteile:
- Die offene Kante des Riemens auf das untere Seitenteil legen und die Gurtaufnahme auf das zweite untere Seitenteil legen, feststecken und mit 1 cm Nahtzugabe nähen. **Illustration 5**
- Die lange Kante des oberen Seitenteils auf die bereits genähte Naht rechts auf rechts legen und diese Naht durchsteppen.

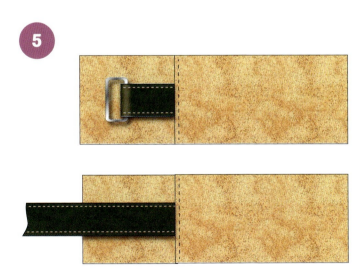

8. Schließen der Außentasche:

- Die Längskanten der fertigen Schnittteile an die Seitenteile der Tasche legen, feststecken und anschließend mit 1 cm Nahtzugabe schließen.
- Den Boden rechts auf rechts auf die Unterseite der Wickeltasche legen und die Kanten rundum schließen.
- Den Deckel rechts auf rechts auf das Rückteil legen und die noch offene Kante schließen. Den Steg an die Markierung am Rückteil legen und feststecken. Die Klettverschlussseite zeigt dabei zum Tascheninnenraum. Die gesteckte Naht mit 1 cm Nahtzugabe schließen.
Illustration 6

9. Futterinnentasche verarbeiten:

- Eine der Längskanten der Innentasche 0,5 cm nach innen einschlagen und den Umbruch mit dem Bügeleisen fixieren. Erneut die Längskante 0,7 cm nach innen einschlagen, ebenfalls mit dem Bügeleisen fixieren und anschließend die eingeschlagenen Stofflagen knappkantig absteppen.

- An den anderen 3 Kanten jeweils 1 cm zur linken Stoffseite nach innen umschlagen und bügeln. Die gebügelte Futterinnentasche links auf rechts auf die markierte Position im Futter stecken und sowohl die Seiten als auch den Boden mit 0,5 cm Nahtzugabe aufsteppen.

- Seitennähte A auf A und B auf B des Futters aufeinanderlegen und von der linken Seite mit 1 cm Nahtzugabe schließen.

- Um die Tasche am Ende auf die rechte Seite wenden zu können, an einer Seite im Futter eine ca. 12 cm große Öffnung nicht mitsteppen.

- Zum Schluss den noch offenen Boden ebenfalls schließen.
  Siehe **STREIFENTASCHE (Seite 111, Illustration 8)**

10. Zusammennähen:

- Das Innenfutter rechts auf rechts an die offene Kante der Korktasche stecken und mit 1 cm Nahtzugabe die Kante von links im Kreis komplett schließen.

- Die Tasche durch das Loch im Futter auf die rechte Seite wenden und danach das Loch im Futter schließen, indem die Schnittkanten nach innen gelegt und von rechts mit einer knappkantigen Naht zugesteppt werden.

11. Wickelunterlage nähen:

- Das erste Schnittteil der Wickelunterlage flächig von links mit Gewebekleber bestreichen, das zweite Schnittteil links auf links und Kante an Kante aufkleben. Nach dem Trocknen des Klebers die Kanten von rechts knappkantig ringsherum absteppen.

- Je nach Bedarf die Kanten in der Nahtzugabe gerade nachschneiden, zum Beispiel mit einem Cutter und Lineal.

- Die Wickelunterlage mit den Magnetknöpfen an der Wickeltasche anbringen.

Fertig!

NÄHANLEITUNG

WILDES TRIO

ARBEITSSCHRITTE

1. Zuschnitt nach Schnittmuster

2. Kleinteile verarbeiten:

- Je nachdem welches Tier entstehen soll, Flossen, Schwanz oder Ohren flächig mit Gewebekleber bestreichen, die Gegenstücke Kante an Kante kleben und trocknen lassen. Bei Bedarf die Kanten nachschneiden.
- Anschließend mit einer Ziernaht umsteppen.
  Begonnen wird die Naht in der Nahtzugabe. **Illustration 1**

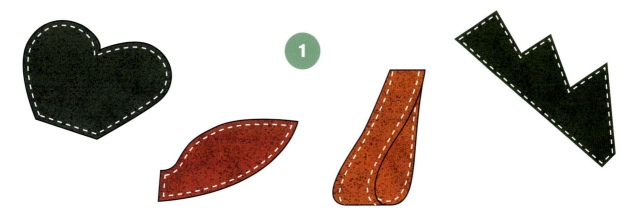

MATERIAL FISCH	MATERIAL NILPFERD	MATERIAL DRACHE
~ Korkstoff, z. B. blaugrün 35 x 15 cm & carmin 14 x 10 cm	~ Korkstoff, z. B. laranja 45 x 25 cm & blaugrün 14 x 5 cm	~ Korkstoff, z. B. musgo 40 x 20 cm
~ Futterstoff: 35 x 15 cm	~ Futterstoff: 45 x 20 cm	~ Futterstoff: 40 x 15 cm
~ Garn	~ Garn	~ Garn
~ Gewebekleber	~ Gewebekleber	~ Reißverschluss 18 cm
~ Reißverschluss 16 cm	~ Reißverschluss 20 cm	~ Gewebekleber

+ jeweils 2 Knöpfe/Kugeln für die Augen

3. Drachennase aufsteppen:

• Die „Nase" des Drachens mit einem Stift auf der rechten Seite des Stoffes markieren und von der rechten Seite absteppen. Die Fäden lang lassen, auf die linke Seite des Stoffes ziehen und miteinander verknoten, damit die Naht nicht aufgehen kann.

4. Ohren vom Nilpferd verarbeiten:

• Nach dem Kleben, die Ohren zusammenklappen und mit einer Naht in der Nahtzugabe fixieren.
• Bis zur gerade geschlossenen Naht einschneiden. **Illustration 2**
• Die Schlitze für die Ohren in das Korkstück schneiden, die Ohren hineinstecken und rechts und links von der rechten Seite mit einer Naht feststeppen.

5. Reißverschluss annähen:

• Reißverschluss von der rechten Seite an die Markierungen an der Rundung stecken, mit 0,5 cm Nahtzugabe aufsteppen.
• Anschließend Reißverschluss am anderen Korkstück annähen. **Illustration 3**

6.

• Den Reißverschluss nun schließen und die Seitennähte von links steppen.
• Dabei beim Fisch die beiden Flossen mit in die Naht legen, sodass sie von der linken Seite nicht zu sehen sind.#
• Die Enden des Reißverschlusses nach außen legen. **Illustration 4**

7. Schließen der hinteren Naht:

Die Seitennähte aufeinanderlegen, sodass die hintere offene Kante hochklappt und nicht flach liegt. Dabei wird der Schwanz bzw. die Flosse jeweils mit in die Naht gelegt, sodass sie von der linken Seite nicht zu sehen sind und mitgesteppt werden. **Illustration 4**

8. Futter verarbeiten:

- Die Seitennähte des Futters mit 1 cm Nahtzugabe schließen.
- Hintere Naht des Futters mit 1 cm Nahtzugabe nähen.

9. Annähen der Augen:

- Das Tier auf die rechte Seite umstülpen und die Knöpfe/Kugeln als Augen auf die markierten Punkte annähen.
- Tier wieder auf links drehen und die Futtertasche auf das Korktier ziehen. Am Reißverschluss von Hand mit 1 cm Nahtzugabe annähen. **Illustration 6**

Fertig!

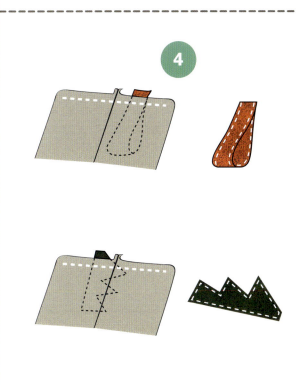

TIPP

Bei festen Futterstoffen wird zum Annähen ein Fingerhut empfohlen.

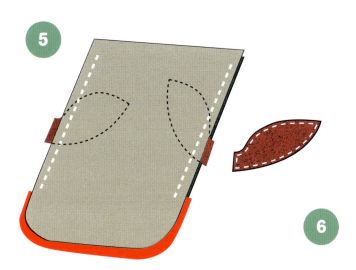

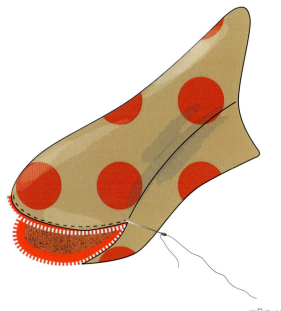

NÄHANLEITUNG

WINDELTASCHE

ARBEITSSCHRITTE

1. Zuschnitt nach Schnittmuster

2. Den Futterstoff mit Vlieseline verstärken, dazu die Klebeseite auf die linke Seite vom Futter aufbügeln.

3. Das Dekoband ca. 6 cm vom unteren Rand aufnähen. **Illustration 1**

4. Den Korkstoff mit der rechten Seite nach oben hinlegen. Die beiden kurzen Kanten 24 cm nach innen falten und dann wieder 12 cm zurückfalten. Das Gummiband 6 cm am Rand zwischen die 1. und 2. Stofflage legen und feststecken. **Illustration 2**

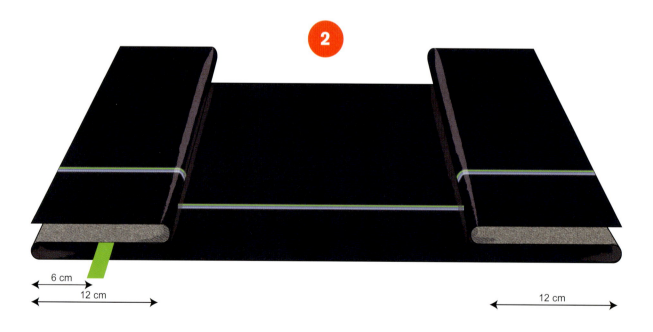

6 cm

12 cm

12 cm

MATERIAL

~ Korkstoff, dick
  30 x 81 cm

~ Futterstoff 30 x 33 cm

~ Vlieseline 29 x 33 cm

~ Gummilitze 30 cm

~ Dekoband 81 cm

~ Garn

WERKZEUGE

~ Stoffschere

~ Nähmaschine

~ Bügeleisen für
  die Vlieseline

5. Den Futterstoff mit der rechten Seite auflegen und oben und unten feststecken. Die beiden langen Kanten füßchenbreit zusammennähen. Die Ecken zurückschneiden. **Illustrationen 3 und 4**

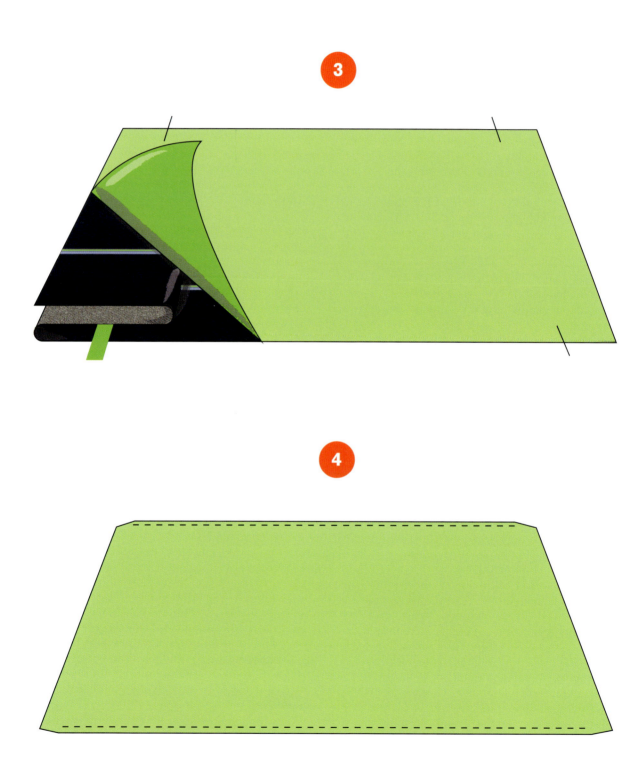

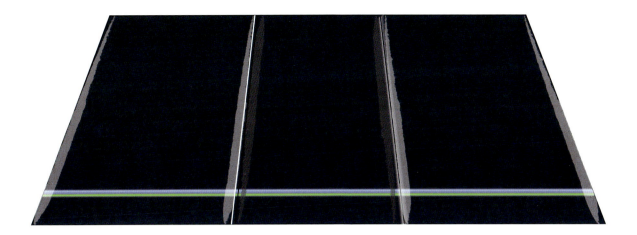

6. Die Windeltasche wenden, zuerst den Innenstoff, danach die beiden Einsteckfächer umstülpen.

Die Wendeöffnungen verschwinden in den Einsteck-fächern. **Illustrationen 5 und 6**

Fertig!

6

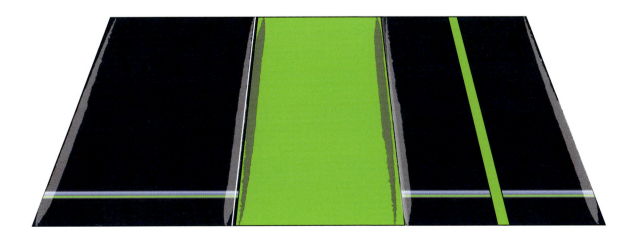

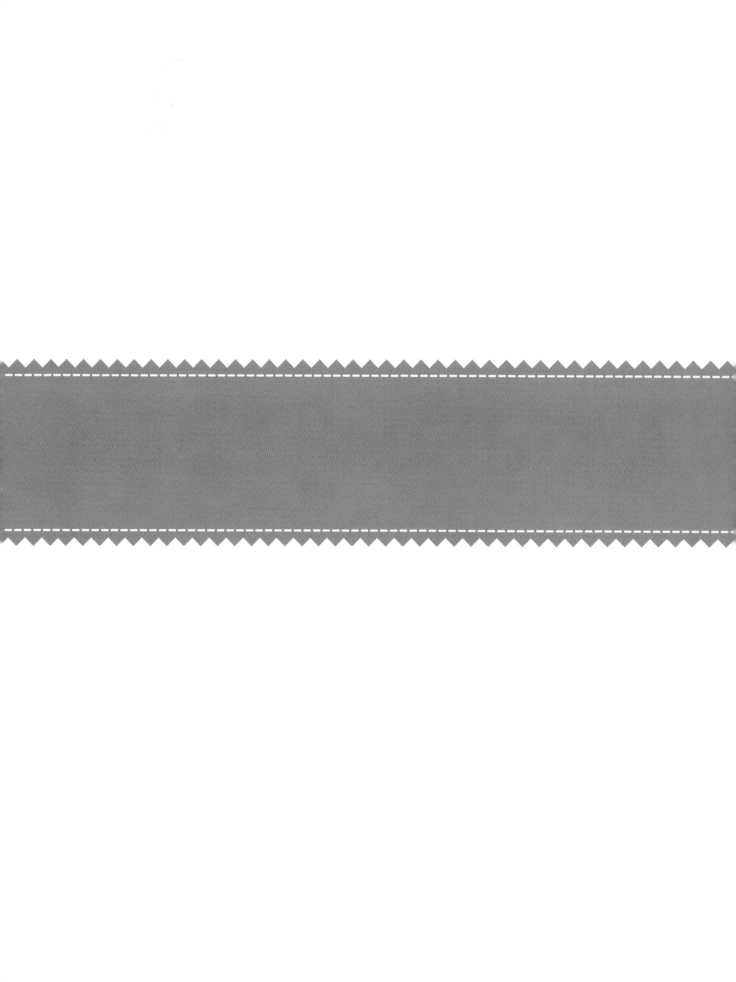

KLEIDUNG & ACCESSOIRES

MATERIAL

~ Korkstoff, dick:
  60 x 70 cm
~ Plastikfolie (1 mm
  Stärke) 11 x 20 cm
~ Hutband 60 x 3 cm
~ 2 Druckknöpfe
~ Garn

WERKZEUGE

~ Schere
~ Nähmaschine
~ Lochzange
~ Ansetzwerkzeug

NÄHANLEITUNG

FLATCAP

ARBEITSSCHRITTE

1. Zuschnitt nach Schnittmuster

2. Verarbeitung des Schirms:

• Die Löcher am Plastikschild und am oberen
Schirm an den Markierungen ausstanzen,
dann den Plastikschirm auf die linke Stoffseite
des oberen Schirmes legen. **Illustration 1**

- Die Druckknopf-Unterseiten jeweils in die Löcher schlagen und somit die beiden Lagen miteinander verbinden. Der Druckknopf funktioniert auf der rechten Korkseite. **Illustration 2**
- Den vorbereiteten oberen Schirmteil auf den unteren Schirm (rechts auf rechts) legen und die Linie E nähen.
- Den Schirm auf rechts wenden. **Illustration 3**

3. Verarbeitung der Cap:

hinterer Teil:

- Die Seitenteile jeweils auf die Rückteile (rechts auf rechts) legen und die Naht D nähen.
- Die Nahtzugaben auseinanderklappen und anschließend von rechts noch einmal absteppen. **Illustration 4**
- Um die einzelnen Teile zu verbinden, die hintere Mitte rechts auf rechts aufeinanderlegen und die Naht absteppen.
- Auch diese Nahtzugaben werden anschließend auseinandergeklappt und von rechts abgesteppt.

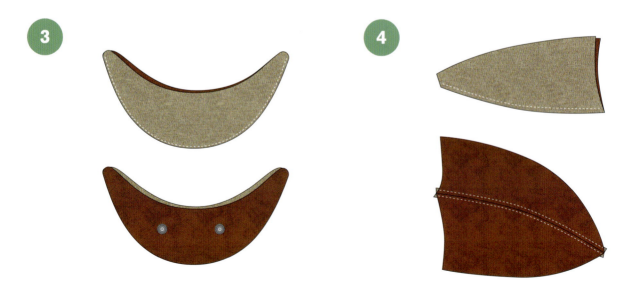

vorderer Teil:

- Die Löcher in der unteren Cap ausstanzen und die Druck-knopf-Oberseiten so anbringen, dass sie von der rechten Seite zu benutzen sind. **Illustration 5**
- Nun die obere auf die untere Cap legen (rechts auf rechts), die Linie A feststecken und diese im Anschluss zusammennähen.

4. Zusammensetzen von Cap und Schirm:

- Den Schirm nun an die zusammengesetzte vordere Cap legen, die Druckknöpfe schließen und die Nahtzugaben der Innenseiten zusammennähen. Die Markierungen der vorderen Mitte beider Teile liegen aufeinander. (Dies ist nur eine Heftnaht, die das Einnähen des Hutbandes erleichtert!)

5.

- Die Linie C des Seitenteils auf die Markierungen der Capteile stecken und anschließend diese Naht schließen. C1 und C2 sind hilfreich für die richtige Positionierung der Schnittteile.
- Die Nahtzugaben von C1 bis kurz vor dem Kreuzungspunkt in Richtung hintere Cap nähen und die Nadel im Stoff stecken lassen. Die Nahtzugabe im Bereich C2 in das obere Capteil umlegen, bis kurz vor die Kreuzungsnaht steppen und die Nahtzugabe wieder zurücklegen. **Illustration 6**

6. Das Hutband an die Nahtzugabe der Flatcap nähen. Dazu an der hinteren Mittelnaht beginnen und einmal von rechts ringsherum nähen. Kurz bevor die hintere Mitte wieder erreicht ist, wird das Ende des Hutbandes ca. 2 cm umgeschlagen und anschließend in der Naht mitgesteppt. **Illustration 7**

Fertig!

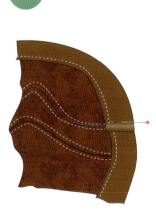

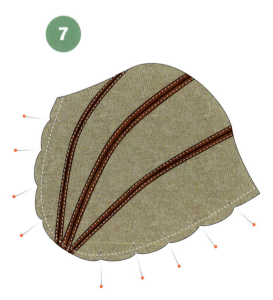

NÄHANLEITUNG

GÜRTEL Länge: 98 cm

ARBEITSSCHRITTE

1. Zuschnitt

- zwei Korkstreifen: 6 x 115 cm und 3,8 x 109,5 cm
- Riemen: 3 x 10 cm

2. Langen Streifen kleben:

Mit einem Lineal und einem Stift auf der linken Seite des Korkstoffs je eine Linie mit einem Abstand von 2 cm zu den Kanten einzeichnen. Den Gewebekleber an den Rändern flächig auftragen und die Kanten bis zur Markierung 1 cm umklappen. Bei Bedarf die Ränder mit einigen Stecknadeln/Klammern fixieren. **Illustration 1**

3. Gürtelschnalle befestigen:

8 cm vom Rand markieren, die Gürtelschnalle über den Streifen schieben und die Nahtzugabe bis zur Markierung (4 cm) umklappen. Mit Klammern ebenfalls fixieren. **Illustration 2**

4. Den Gewebekleber flächig auf beide Streifen auftragen. Das Ende des langen Streifens 1 cm nach innen einklappen. Den schmaleren Streifen mittig aufkleben, begonnen wird 1 cm hinter der Umbruchkante der Gürtelschnalle. Die Ränder mithilfe von Stecknadeln/Klammern fixieren. **Illustration 3**

MATERIAL

~ Gürtelschnalle
  (hier 4 cm)
~ Korkstoff, dick
  9,8 x 125 cm
~ Garn

WERKZEUG

~ Schere
~ Nähmaschine
~ Lineal
~ Stift
~ Gewebekleber
~ Leder-Handnähnadel
~ Lochzange
~ Stecknadeln/Klammern

5. Nähen:

Mit 0,5 cm Nahtzugabe von der rechten Seite ringsherum absteppen. Begonnen wird an der Gürtelschnalle. (Falls mit dem Nähfuß nicht direkt an der Gürtelschnalle genäht werden kann, den Oberfaden am Anfang und am Ende ca. 20 cm länger lassen. Nach dem Nähen dann ggf. mit einer Leder-Handnähnadel ein paar Stiche von Hand nähen.)

6. Riemen verarbeiten:

• Die Mitte (1,5 cm) des Streifens markieren, den Gewebekleber flächig auftragen und die Seiten bis zur Markierung umklappen. Mit Stecknadeln/Klammern fixieren.

• Anschließend mit der Nähmaschine knappkantig absteppen. Die Enden des Riemens zusammenbiegen und mit ein paar Stichen von Hand zusammennähen.

• Den Riemen über den Gürtel ziehen.

7. Die Löcher im Abstand von 10 cm, 15 cm, 20 cm, 25 cm und 30 cm vom Gürtelende markieren und mit einer Lochzange ausstanzen.

Fertig!

3

MATERIAL

~ Rock: Korkstoff, dick
z. B. carmin, 140 x 43 cm

~ Gürtel: Korkstoff, dick
z. B. dunkelbraun
115 x 5,7 cm

WERKZEUGE

~ Nähmaschine

~ Schere

~ Lochzange

~ Gürtelschnalle
(zum Klemmen)

~ Klettverschluss (10 cm)

~ Maßband

~ Stecknadeln/Klammern

~ Lineal

NÄHANLEITUNG

WICKELROCK

ARBEITSSCHRITTE

1. Zuschnitt nach Materialangabe

2. Nähen des Gürtels: siehe „Nähanleitung Gürtel", Seite 84

3. Auf dem roten Korkstück an den Seiten jeweils 1 cm umschlagen und knappkantig von links steppen. Begonnen wird an der langen Seite, die Ecken werden so umgeschlagen, dass die Nahtzugaben der kurzen Seiten oben liegen. Am Anfang sowie am Ende den Faden vernähen (2 Stiche vor, 2 Stiche zurück nähen). **Illustration 1**

1 cm

4. Klettverschluss aufsteppen:

• Als Erstes das Hakenband auf die rechte Seite des Korkstoffes aufnähen, dafür von der linken Korkseite in der Ecke 1 cm von oben und 1 cm von links abmessen. **Illustration 2**

- Als Nächstes das Flauschband auf der linken Seite des Korkstoffes aufsteppen. Diesmal 34 cm von links und 3 cm von oben abmessen. Das Band wird einmal ringsherum aufgenäht. **Illustration 3**

5. Gürtel aufnähen:

- Den bereits genähten Gürtel auf die rechte Seite des Korks legen.
- 32 cm von links und 3,5 cm von der oberen Kante abmessen und die Gürtelschnalle mit Stecknadeln feststecken. **Illustration 4**
- Den Gürtel gerade auflegen, 46 cm von rechts messen und dort den Gürtel ebenfalls mit einer Stecknadel vorsichtig anstecken. Von diesem Punkt aus verläuft der Gürtel zur rechten Seite hin schräg nach oben. **Illustration 5**
- Nun werden von rechts 23 cm abgemessen und erneut mit einer Nadel markiert. Bis zu diesem Punkt wird der Gürtel angenäht. Gesteppt wird von rechts auf der schon gesteppten „Ziernaht" des Gürtels. Den Faden am Anfang und am Ende vernähen (2 Stiche vor, 2 Stiche zurück nähen).

Fertig!

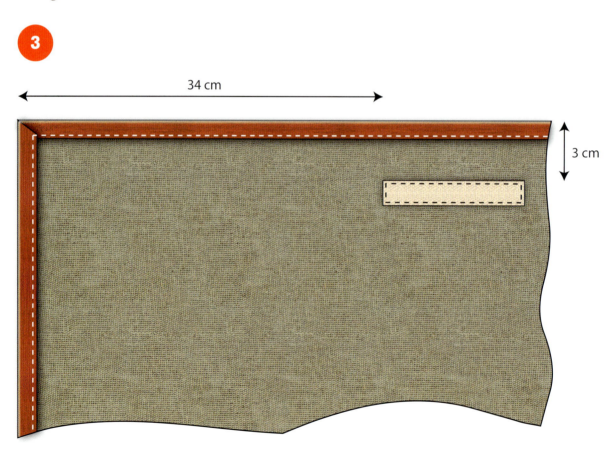

34 cm

3 cm

4

5

NÄHANLEITUNG
SCHÜRZE

ARBEITSSCHRITTE

1. Zuschnitt nach Schnittmuster

2. Bänder verarbeiten:

Die Streifen für die Bänder Kante auf Kante zusammenklappen, sodass

die Breite 1,5 cm beträgt, und mit einem Zick-Zack-Stich die offene Kante von rechts schließen.

Illustration 1

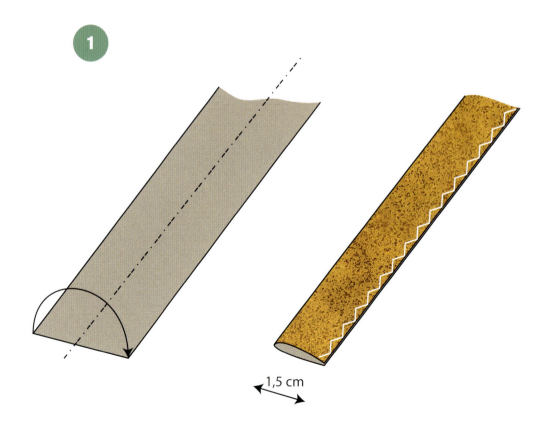

1

1,5 cm

MATERIAL

~ Korkstoff, dünn
  Schürze: z. B. natural
  77 x 62 cm
  Beleg innen: z. B. sol
  200 x 5 cm
  aufgenähte Tasche: z. B. sol
  23 x 19 cm
  Bänder: z. B. sol
  70 x 3 cm (3x), 20 x 3 cm (1x)

~ Garn

WERKZEUGE

~ Nähmaschine

~ Schere

~ Stecknadeln/Klammern

~ 2 D-Ringe

3.

• Die Belege an den Markierungen links auf rechts stecken und bis zur Kante steppen. **Illustration 2**

• Belege links auf links auf die Schürze legen und mit Stecknadeln/Klammern fixieren.

4.

• Die vorher genähten Bänder an den Markierungen (die Seitenbänder sind 70 cm lang zwischen die Stofflagen legen. Für den Ausschnitt auf das 20 cm-Band 2 D-Ringe aufziehen, das Band in der Mitte falten, aufeinanderlegen und links in die Naht stecken. Rechts das restliches Band ebenfalls bei der Markierung in die Naht legen und von links mit 0,4 cm Nahtzugabe rings herum an der Kante der Schürze absteppen. **Illustration 3**

• Der Saum wird dabei nicht mitgesteppt.

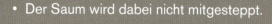

2

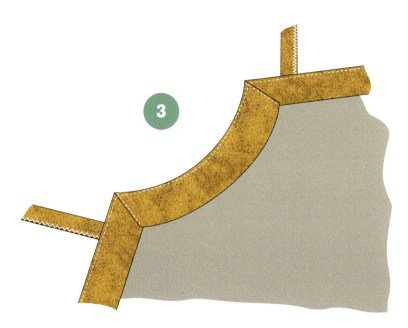

5. Außentasche nähen:

Auf die Taschen 2 Ziernähte mit 1 cm Abstand von rechts steppen und anschließend die Tasche auf die Markierung auf der Schürze legen, mit Stecknadeln fixieren und mit 0,4 cm Nahtzugabe auf-nähen. Am Anfang und Ende wird ein kleines Dreieck genäht, damit die Naht im Laufe der Zeit nicht einreißen kann. **Illustration 4**

6. Am Ausschnitt das lange Band zwischen die beiden D-Ringe stecken und die Länge anpassen.

Fertig!

TASCHEN

NÄHANLEITUNG

LAPTOP-TASCHE für 13" x 9" x 6/8"-Laptop (= ca. 33 x 23 x 2 cm)

ARBEITSSCHRITTE

1. Zuschnitt und Markierungen nach Schnittmuster

2. Riemen verarbeiten:

Den Gewebekleber flächig auf der linken Seite des Riemens auftragen und die Kanten aneinanderlegen, je nach Bedarf die Kanten mit ein paar Stecknadeln/Klammern fixieren.

- Nach dem Trocknen den Riemen knappkantig (0,4 cm Nahtzugabe) absteppen.
  Siehe **STREIFENTASCHE (Seite 108, Illustration 1)**
- Den Riemen von einer Seite durch den Gurtversteller führen und anschließend durch den Karabinerhaken. Das gleiche Ende des Riemens von innen erneut durch den Gurtversteller führen, das Ende umschlagen und mit 4 cm Abstand zur Umbruchkante annähen.
  Siehe **SHOPPER (Seite 107, Illustration 6)**
- Mit dem anderen Ende des Riemens den Vorgang wiederholen.

3. D-Ringe einarbeiten:

- Die Schnittteile für die D-Ringaufnahmen und die Rucksacklasche flächig mit Gewebekleber bestreichen, die Kanten umklappen und aneinanderkleben. Je nach Bedarf die Kanten mit Stecknadeln/Klammern fixieren.
- Nach dem Trocknen die Kanten der Riemen knappkantig von rechts absteppen.
- Die genähten D-Ringaufnahmen durch die D-Ringe führen, die Schnittkanten aufeinanderlegen und diese mit einer Naht fixieren. Die Rucksacklasche ebenfalls in den Nahtzugaben mit einer Naht fixieren. **Illustration 1**
- Die D-Ringaufnahmen in die Nahtzugabe der unteren Ecken des Frontteils nähen. **Illustration 2**
- Nun die Rucksacklasche an die Markierungen an Linie A im Rückteil annähen.

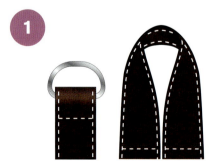

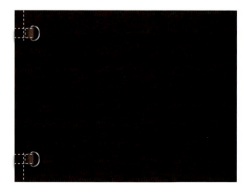

MATERIAL

~ Korkstoff, dünn 80 x 80 cm
~ Futterstoff Velours 100 x 40 cm
~ 2 Magnetknöpfe
~ 2 D-Ringe
~ 2 Karabinerhaken (Durchlass 3 cm)
~ 2 Gurtversteller (Durchlass 3 cm)

WERKZEUGE

~ Nähmaschine
~ Gewebekleber
~ Stecknadeln/Klammern
~ Zange, zur Montage
  der Magnetknöpfe
~ Zackenschere

4. Magnetknöpfe platzieren:

Die Magnetknöpfe an die inneren Taschendeckel und äußeren Seiten der Tasche anbringen (1 x Frontteil und 1 x aufgesetzte Tasche), sodass die jeweiligen Gegenstücke anschließend aufeinanderliegen.

5. Deckel vorbereiten:

- Die Deckelteile rechts auf rechts aufeinanderlegen, feststecken und an den geneigten Kanten mit 1 cm Nahtzugabe verstürzen.
- Die Nahtzugabe mithilfe der Zackenschere nachschneiden. **Illustration 3**
- Den Deckel umstülpen und von außen eine Ziernaht mit 0,7 cm Abstand entlang der Kante steppen.

6. Vorbereiten der aufgesetzten Tasche:

- Die Schnittteile der aufgesetzten Tasche rechts auf rechts legen, feststecken und an der Kante C zusammennähen.
- Gewebekleber nun flächig auf der linken Stoffseite auftragen, die Lagen miteinander verbinden und trocknen lassen.
- Je nach Bedarf die Nahtzugaben nachschneiden. **Illustration 4**

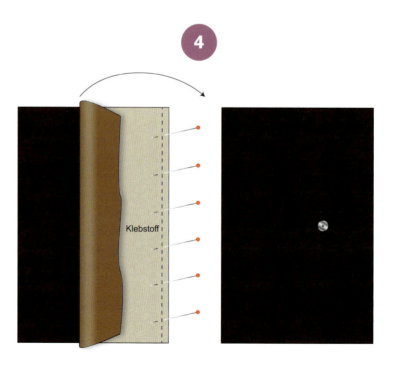

7. Anbringen der aufgesetzten Tasche:

- Die aufgesetzte Tasche auf ihre Markierung im Rückteil legen, stecken und von rechts mit 0,4 cm Nahtzugabe annähen. **Illustration 5**

8. Anbringen der zwei Deckel:

- Die Deckel an die Markierungen legen (A auf A, B auf B), feststecken und mit 0,7 cm Nahtzugabe annähen, dabei darauf achten, dass die Magnetgegenstücke aufeinanderpassen. **Illustration 6**
- Die Längsseite des Frontteils rechts auf rechts auf die Kante B legen und erneut mit 1 cm Nahtzugabe steppen.

9. Futter verarbeiten:

- Die Futterteile „Front" und „Rückseite" rechts auf rechts aufeinanderlegen und die jeweiligen Längsseiten mit 1 cm Nahtzugabe schließen.
- Korkteil rechts auf rechts über den Futterkorpus stülpen und die obere, offene Kante zusammenstecken (inkl. Strecke A), anschließend mit 1 cm Nahtzugabe im Kreis durchsteppen. **Illustration 7**

10. Die offenen Kanten des Korkteils mit einer Naht schließen.

11. Die Laptoptasche auf rechts umstülpen. Die Nahtzugabe des Futters 1 cm nach links einschlagen und von rechts schmalkantig absteppen. **Illustration 8**
Futterbeutel in den Korkteil hineinschieben, den Riemen anbringen. **Fertig!**

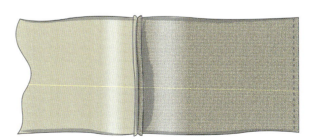

MATERIAL

~ Korkstoff, dick:
  99 x 32 cm

~ Futterstoff: 102 x 64 cm

~ Fester Stoff (z. B. Cordu-
  ra) 4 x 4 cm (4 x)

~ Kordel 160 cm, Ø 8 mm

~ 4 Ösen Ø 11 mm

~ Garn

WERKZEUGE

~ Schere

~ Nähmaschine

~ Ansetzwerkzeug für
  die Ösen

~ Stecknadeln/Klammern

~ Sicherheitsnadel

~ Bügeleisen

NÄHANLEITUNG
RUCKSACK

ARBEITSSCHRITTE

1. Zuschnitt nach Schnittmuster

2. Die Ösen-Positionen markieren, die ersten 2 Ösen am Boden anbringen, dafür zur Stabilisierung jeweils 2 kleine, feste Stoffstücke zwischen die Ösen legen. **Illustration 1**

3. Die beiden Korkstücke rechts auf rechts legen und die Seitennähte und den Boden mit 1 cm Nahtzugabe schließen.

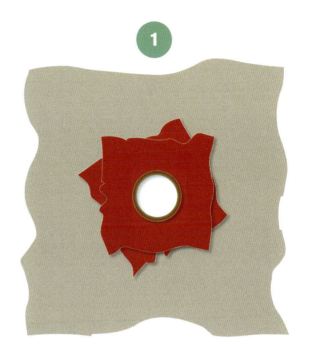

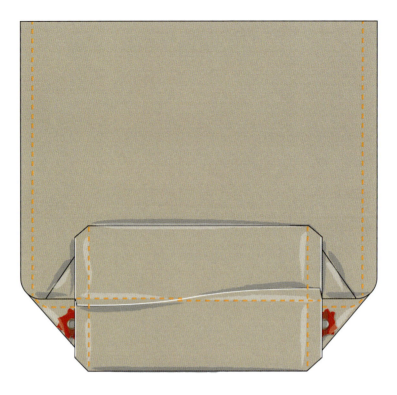

4. Boden verarbeiten:

Die Seitennaht jeweils mittig legen, rechts und links 6 cm abmessen, feststecken und steppen.

Die beiden entstandenen Dreiecke jeweils im Abstand von 1 cm von der Naht abschneiden.

Illustration 2

4 cm

5. Futter verarbeiten:

- Die Nahtzugaben der Innentasche nach innen umlegen und knappkantig absteppen.
  Die Innentasche auf die Markierungen legen und aufsteppen.

- Die Seitennähte und den Boden mit 1 cm Nahtzugabe schließen. Anschließend den Boden wie in Schritt 4 verarbeiten.

6. „Deckel" nähen:

- Die ersten 2 Stofflagen feststecken und die Seitennähte mit 1 cm Nahtzugabe schließen.

- Die anderen 2 Stofflagen des Deckels ebenfalls aufeinanderlegen, feststecken und nähen. Auf der rechten Seite endet die Naht 4 cm unterhalb der Kante, um später dort die Kordel durchzuziehen.

- Die Nahtzugaben auseinanderbügeln und an der offenen Kante knappkantig feststeppen. **Illustration 3**

- Beide Deckelteile auf rechts drehen, ineinander stecken und mit 1 cm Nahtzugabe an der oberen Kante zusammennähen. Die offene Seitennaht liegt dabei oben. Anschließend das Schnittteil auf rechts drehen und von der soeben genähten Kante 3 cm abmessen, markieren und abschneiden. **Illustration 4**

3 cm

7. Kordel einsetzen:

- Die Kordel als Erstes durch eine Öse am Boden ziehen und von innen verknoten.

- Mithilfe einer Sicherheitsnadel die Kordel durch die Öffnung in den Deckel führen und am Ende durch die zweite Öse am Boden stecken. Anschließend ebenfalls innerhalb des Rucksacks verknoten.

8. Nun den Futterbeutel auf links drehen und in den auf rechts gedrehten Korkbeutel stecken. Den Deckel mit der Öffnung nach außen ebenfalls über den Korkbeutel stülpen, die offenen Kanten werden an die Öffnung gesteckt. **Illustration 5**

9. Anschließend auf der „Ösenseite" von Seitennaht bis Seitennaht mit 1 cm Nahtzugabe nähen. Die restlichen 2 Ösen an der oberen Kante einarbeiten, dabei alle Stofflagen mitfassen. Als nächstes die restliche Naht an der oberen Kante schließen.

10. Den Deckel nach innen stecken, an der Nahtzugabenkante glatt streichen und „im Schatten der Naht" von rechts absteppen. Das Kordelband festziehen.
Fertig!

NÄHANLEITUNG

SHOPPER

ARBEITSSCHRITTE

1. Zuschnitt nach Schnittmuster

2. Kork und Futterstoff aufeinanderlegen und an der Seite A mit 1 cm Nahtzugabe steppen. Nach dem Steppen die Stofflagen auseinanderfalten und Kork-auf-Kork und Futter-auf-Futter falten. Anschließend Seite B mit 1 cm Nahtzugabe schließen. **Illustration 1**

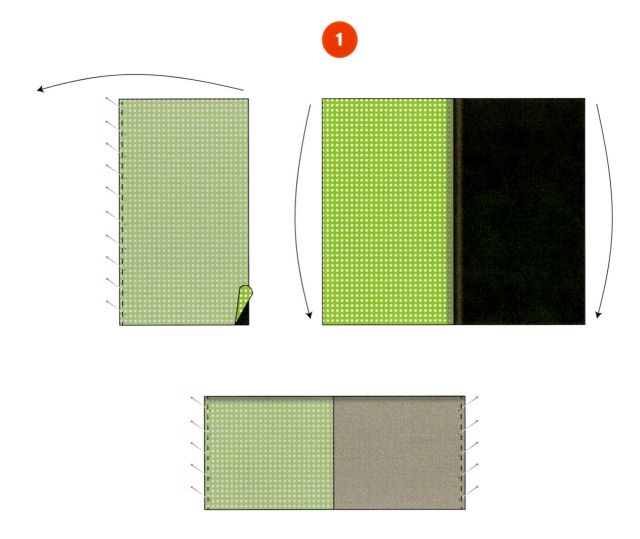

MATERIAL

~ Korkstoff, dick
  90 x 58 cm
~ Futterstoff 82 x 54 cm
~ Gurtband 120 x 4 cm
~ 2 D-Ringe 4 cm
~ 1 x Gurt-Versteller 4 cm

WERKZEUGE

~ Schere
~ Nähmaschine
~ Stecknadeln/Klammern
~ Geodreieck
~ Gewebekleber

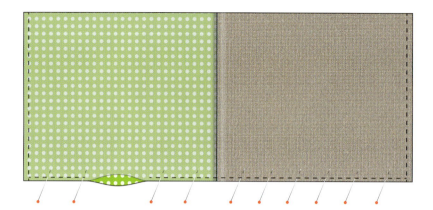

3. Die Seiten C schließen: Die Korkseite komplett mit 1 cm Nahtzugabe schließen, bei der Futtersei-te ca. 15 cm in der Mitte offen lassen. **Illustration 2**

4. Boden schließen:

• Die Naht B mittig legen, mit einem Geodreieck an beiden Seiten 7,5 cm abmessen, markieren und abstecken.

• Den Vorgang bei den restlichen 3 Seiten wiederholen und anschließend steppen. Die entstande-nen Dreiecke mit 1 cm Nahtzugabe abschneiden. **Illustration 3**

5. Trageriemen verarbeiten:

• Die Gurtaufnahme mit Gewebekleber von links bestreichen und die Seitenkanten (8 cm) zur Mitte hin falten, anschließend von rechts mit 1 cm Nahtzugabe absteppen. **Illustration 4**

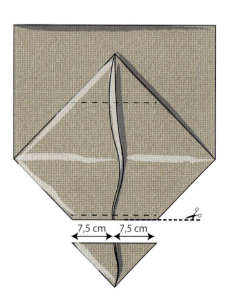

7,5 cm   7,5 cm

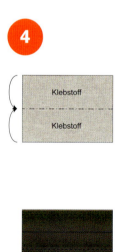

Klebstoff

Klebstoff

6. Die Naht B in die Mitte legen, den von den Markierungen getrennten Bereich auftrennen, die D-Ringe über die Riemen ziehen und zwischen die aufgetrennte Naht stecken. Die Naht danach wieder schließen.

7. Die offene Naht im Futter zulegen und von Hand oder mit der Nähmaschine schließen. Das Futter um die obere Nahtzugabe legen, glatt streichen und mit Stecknadeln/Klammern fixieren. Von rechts das Futter „im Schatten der Naht" steppen. **Illustration 5**

8. Gurtband bearbeiten:
- Als Erstes das Gurtband durch den Gurtversteller führen, danach durch einen D-Ring und anschließend erneut durch den Gurtversteller. **Illustration 6**
- Das Ende des Bandes am Gurtband mit einem großen Zick-Zack-Stich aufsteppen.
- Das andere Ende des Gurtbandes durch den zweiten D-Ring führen, umklappen und ebenfalls mit einem Zick-Zack-Stich aufsteppen.

Fertig!

MATERIAL

~ Korkstoff, dünn 80 x 80 cm

~ Futterstoff 100 x 40 cm

~ 3 Druckknöpfe Ø 10 mm

~ 4 O-Ringe Ø 3 cm

WERKZEUGE

~ Schere

~ Gewebekleber

~ Cutter/Schneidematte

~ Nähmaschine

~ Lochzange

~ Ansetzwerkzeug für
  die Druckknöpfe

1

Klebstoff

Klebstoff

2

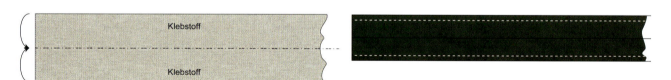

2,5 cm

2,5 cm

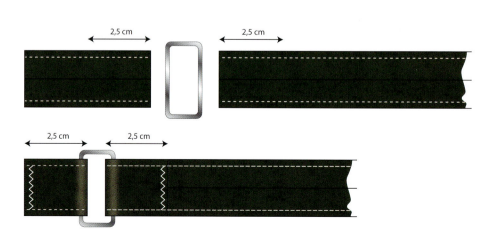

2,5 cm

2,5 cm

NÄHANLEITUNG

STREIFENTASCHE

ARBEITSSCHRITTE

1. Zuschnitt nach Schnittmuster

2. Riemen verarbeiten:
• Den Gewebekleber flächig auf die linke Seite des Riemens auftragen und die Längskanten aneinanderkleben. Anschließend den Riemen von rechts knappkantig (0,4 cm Nahtzugabe) rundum absteppen. **Illustration 1**

3. Anbringen der O-Ringe:
• Das Schnittteil durch einen Ring führen, sodass links auf links liegt.
• 2,5 cm vom Umschlag markieren und dort mit einer Zick-Zack-Naht fixieren.
• Den Trageriemen anschließend durch den O-Ring führen, 2,5 cm umklappen und dort den Riemen ebenfalls mit einer Naht fixieren.
• Diesen Vorgang dreimal wiederholen. **Illustration 2**

4. Trageriemen einnähen:
• Das Vorder- und das Rückteil des Mittelteils an den auf dem Schnittbogen eingezeichneten Markierungen ca. 3 cm mit einem Cutter einschneiden. **Illustration 3**
• Die schmalen Riemen von rechts in die Schlitze stecken und knappkantig mit einer Naht fixieren. **Illustration 4**

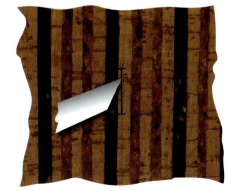

5. Mittelteil verarbeiten:

- Die Seitenteile jeweils an die langen Kanten des Mittelteils rechts auf rechts legen, zusammenstecken und die Naht schließen. **Illustration 5**
- Den Boden am schmalen Ende der Tasche zusammenstecken und mit 1 cm Nahtzugabe annähen. **Illustration 6**

6. Futter verarbeiten:

- Bei der Futterinnentasche an der oberen Kante 1 cm umschlagen und von rechts absteppen. **Illustration 7**
- Anschließend die Futterinnentasche auf die Markierungen auf dem Futter stecken und an einer Seite beginnend knappkantig U-förmig aufsteppen.
- Die Seitennähte des Futters wie bei der Korkaußentasche schließen. An einer Seitennaht mittig eine ca. 12 cm lange Lücke für das spätere Wenden lassen. **Illustration 8**
- Nun auch hier den Boden an die schmalere Öffnung stecken (rechts auf rechts) und anschließend mit 1 cm Nahtzugabe annähen.

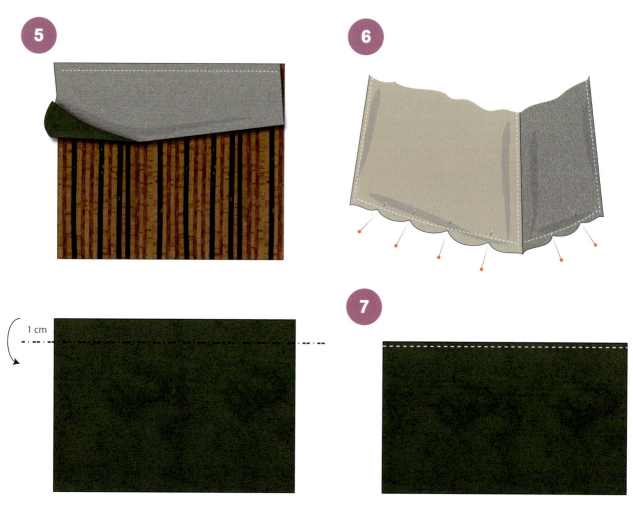

1 cm

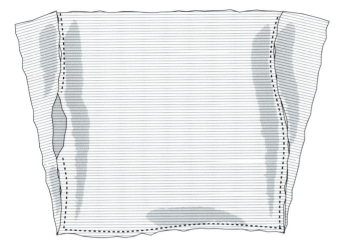

7. Kork- und Futtertasche verstürzen:

- Die Futtertasche rechts auf rechts über die Korktasche stülpen und mit 1 cm Nahtzugabe an der offenen Kante annähen.
- Nun die Tasche durch das Loch im Futter auf rechts wenden und anschließend das Loch schmalkantig von rechts mit der Nähmaschine schließen.
- Die obere Kante mit einem Abstand von 1 cm absteppen.

8. Druckknöpfe anbringen:

- Die Punkte für die Druckknöpfe an den Seiten markieren und die Löcher mithilfe der Lochzange ausstanzen.
- Die Druckknöpfe nebeneinander von der rechten Korkseite anbringen und schließen. Den Vorgang auf der anderen Seite wiederholen. **Illustration 9**
- Zum Schluss den Druckknopf in der Mitte der Tasche an- bringen. Mit der Lochzange die Löcher ausstanzen und den Druckknopf im Inneren der Tasche anbringen.

Fertig!

NÄHANLEITUNG

TASCHENTUCHTASCHE

ARBEITSSCHRITTE

1. Zuschnitt nach Schnittmuster

2. Stoff rechts auf rechts an den Markierungen zur Mitte hin falten und mithilfe von Klammern oder Stecknadeln fixieren.

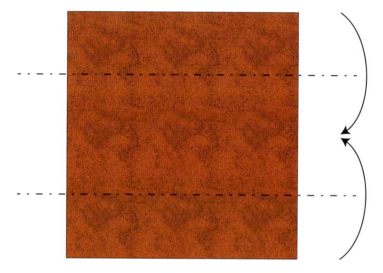

3. An den beiden kurzen Seiten knappkantig absteppen. In der Mitte, wo sich die Schnittkanten treffen, mit der Maschine ein paar Stiche vor und wieder zurück nähen.

4. Nach dem Nähen die Kanten zurückschneiden.

5. Die Tasche wenden und die Kanten mithilfe eines Stiftes vorsichtig herausdrücken. **Fertig!**

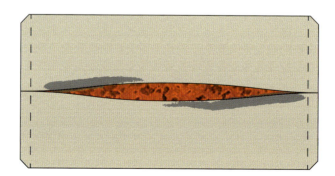

WERKZEUGE

~ Nähmaschine

~ Schere

~ Stecknadeln/Klammern

MATERIAL

~ Korkstoff, dünn
14,5 x 15 cm

~ Garn

AUTORENPORTRÄT

Carmo da Silva ist gebürtige Portugiesin. Über ihr Studium der Literaturwissenschaften kam sie vor über 20 Jahren nach Deutschland. Als Kind des Alentejo liegen ihr der Umgang und die Aufklärung über das Naturprodukt Kork besonders am Herzen. Von früh auf vermittelte ihr Elternhaus ihr das Schneidern und den Umgang mit Kork. Seit 2012 entwirft und vertreibt sie unter ihrem Label „Incorknito" Accessoires und Kleidung aus Korkstoffen. Sie lebt mit ihrem Mann und ihren drei Kindern in Hannover.

TAUSEND DANK

An meine Lieben Luc, Laura, Joana, Matthias: Ich wäre ohne euer Verständnis, eure Geduld, eure Begeisterung, euer „Für-mich-da-Sein" nie so weit gekommen!

An alle meine Freunde und Familienmitglieder, insbesondere meine Schwester Lumena: Für die stetige Ermutigung und Begleitung auf meiner „Korkreise".

An Anne und Lisa: Dafür, dass ihr so fleißig gezeichnet, genäht, geschnippelt und getippt habt. Es war mir ein Vergnügen!

An Yvonna, Yodit und Janin: Ohne eine schöne Location und eure spontane Unterstützung wären die Fotos von Anastasia nur halb so schön geworden.

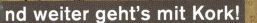

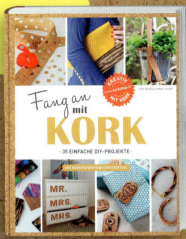

IMPRESSUM

LV-Buch im Landwirtschaftsverlag GmbH, 48084 Münster

© Landwirtschaftsverlag GmbH, Münster-Hiltrup, 2015

Lektorat: Sabine Wolter, Bonn
Korrektorat: Christine Heinzius, Saarbrücken
Illustration: Matthias Jasiak
Entwürfe, Schnitt & Fertigung: Carmo da Silva, Anne Beckmann, Lisa Matischock
Gestaltung: Nina Eckes, www.nina-eckes.de
Druck: Westermann Druck Zwickau GmbH

ISBN 978-3-7843-5380-7

BILDNACHWEIS

© Anastasia Esau, Hannover, www.esau-fotografie.com, S. 4 f., S. 14 ff., S. 22 ff.

© APCOR – Portuguese Cork Association/ DKV – Deutscher Kork-Verband e.V., S. 5 ff., 12 f.

© Pfalzwein, www.commons.wikimedia.org/wiki/File:Dualhead_kork-cimg4669.jpg, S. 9

© Jutta Handrup, Maike Hedder, Münster, S. 11, 14, 17

© Sabine Wolter, Bonn, S. 8

© Anton S. Pishchulin, S. 11